新时代高校思想政治教育研究丛书

王 涛 主编

马克思主义职业选择理论与大学生就业问题研究

路正社 著

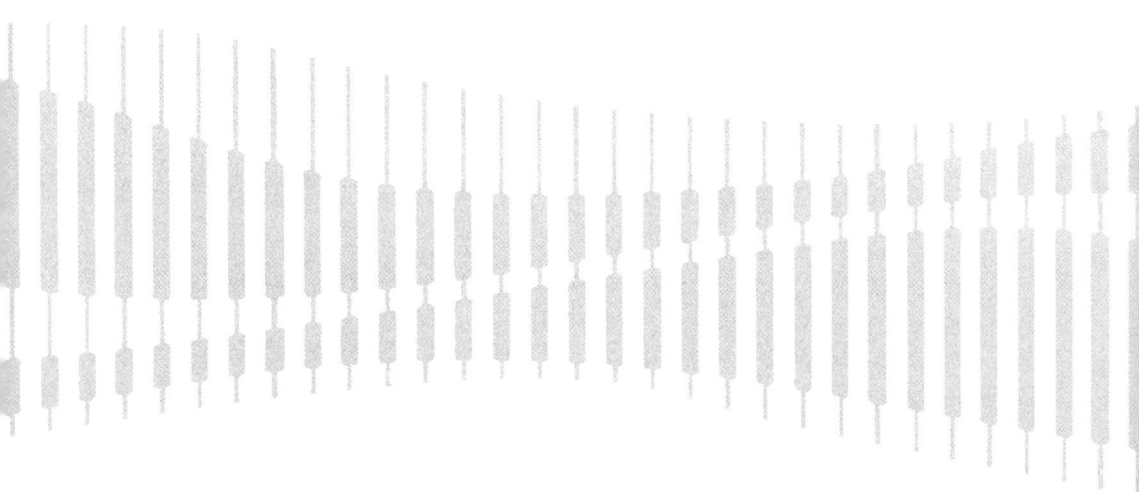

陕西师范大学出版总社

图书代号　JY22N1631

图书在版编目(CIP)数据

马克思主义职业选择理论与大学生就业问题研究/路正社著. —西安：陕西师范大学出版总社有限公司,2022.10
(新时代高校思想政治教育研究丛书/王涛主编)
ISBN 978-7-5695-3164-0

Ⅰ.①马… Ⅱ.①路… Ⅲ.①大学生—职业选择—研究　Ⅳ.①G647.38

中国版本图书馆 CIP 数据核字(2022)第 159935 号

马克思主义职业选择理论与大学生就业问题研究
MAKESI ZHUYI ZHIYE XUANZE LILUN YU DAXUESHENG JIUYE WENTI YANJIU

路正社　著

出 版 人	刘东风
选题策划	郭永新　郑　萍
责任编辑	郑　萍
责任校对	陈柳冬雪
装帧设计	张潇伊
出版发行	陕西师范大学出版总社
	(西安市长安南路199号　邮编710062)
网　　址	http://www.snupg.com
印　　刷	西安市建明工贸有限责任公司
开　　本	787 mm×1092 mm　1/16
印　　张	12.5
插　　页	2
字　　数	190 千
版　　次	2022 年 10 月第 1 版
印　　次	2022 年 10 月第 1 次印刷
书　　号	ISBN 978-7-5695-3164-0
定　　价	45.00 元

读者购书、书店添货或发现印刷装订问题，请与本公司营销部联系、调换。
电话:(029)85307864　85303629　传真:(029)85303879

总　序

思想政治工作是我们党的优良传统和政治优势,是我们党治党治国的重要方式,是党团结带领全体人民战胜各种艰难险阻、不断从胜利走向更大胜利的重要法宝。在全面推进高校思想政治工作高质量发展、以优异成绩迎接党的二十大胜利召开前夕,由陕西师范大学马克思主义学院和教育部高校思想政治工作队伍培训研修中心(陕西师范大学)共同策划编撰的"新时代高校思想政治教育研究"丛书与大家见面了。作为本套丛书的审读者和出版的见证者,我感到非常高兴和欣慰。

中国特色社会主义进入新时代以来,以习近平同志为核心的党中央高度重视高校思想政治工作,先后召开了全国高校思想政治工作会议、全国教育大会、学校思想政治理论课教师座谈会。在此期间,习近平总书记还视察多所高校,与广大师生座谈讨论,就加强和改进高校思想政治工作发表了一系列重要讲话和重要论述,为我们推进新时代高校思想政治工作高质量发展指明了时代方向,提供了理论遵循。在习近平总书记关于高校思想政治工作系列重要讲话和重要论述的指引下,中共中央国务院印发了《关于加强和改进新形势下高校思想政治工作的意见》,中办、国办以及中央宣传部、教育部等部门先后颁布了《关于进一步加强和改进新形势下高校宣传思想工作的意见》《关于深化新时代学校思想政治理论课改革创新的若干意见》《新时代高等学校思想政治理论课教师队伍建设规定》《高校思想政治工作质量提升工程实施纲要》《教育部等八部门关于加快构建高校思想政治工作体系的意见》等一系列重要文件，采取了一系列切实有效的措施，对加强和改进新时代高校思想政治工作作出了重大部署。由此，高校思想政治工作进入了创新发展、质量提升、精准施策的新阶段。

为适应新时代高校思想政治工作的新形势和新任务，陕西师范大学马克思主义学院以崇高的使命感和责任担当意识，立足"学习研究宣传马克思主义的主阵地"和"用习近平新时代中国特色社会主义思想铸魂育人的主渠道"，全面贯彻落实立德树人根本任务，在推进高水平学科建设、队伍建设、努力提升人才培养质量、理直气壮开好思想政治理论课的基础上，积极推进高校思想政治工作的内涵建设，在创新发展和质量提升上下功夫。学院先后成立了"马克思'经典'理论问题研究""中国特色社会主义理论与实践问题研究""新时代高校思想政治教育质量提升与精准施策研究""党的建设与国家治理研究"等学术研究团队，同时依托教育部高校思想政治工作队伍培训研修中心（陕西师范大学）和设在本院的陕西省思想政治工作重点研究基地，致力于新时代新形势下高校思想政治教育和思想政治工作的研究与探索，推出了一系列研究成果，也培养和锻炼了一批中青年学术骨干和思想政治工作骨干。"新时代高校思想政治教育研究"丛书就是学院几位专兼职青年教师结合学习工作实践，致力于新时代高校思想政治教育和思想政治工作质量提升与创新发展的研究成果。

这套丛书在内容建构和表现形式方面，体现出以下特点：

其一，紧紧围绕用习近平新时代中国特色社会主义思想铸魂育人这条主线，突出了对新时代新思想新理论的学理探讨、阐释和运用。

做好高校思想政治教育工作，最根本的就是要深入学习贯彻习近平新时代中国特色社会主义思想，落实立德树人的根本任务，努力培养堪当民族复兴重任的时代新人，培养德智体美劳全面发展的社会主义建设者和接班人。丛书以习近平新时代中国特色社会主义思想为指导，以全面贯彻落实习近平总书记关于高校思想政治工作系列重要讲话和中共中央国务院《关于加强和改进新形势下高校思想政治工作的意见》为着力点，系统地研究论述了新时代青年工作的理论与实践、全面依法治国方略与大学生法治教育、大学生主体性思想政治教育、高校思想政治教育亲和力，以及高校辅导员职业能力、马克思主义职业选择理论与大学生就业等高校思想政治教育的基础性、前沿性问题和新形势下大学生思想政治教育的热点问题，以体系性的研究呈现出对新时代新思想新理论的学习与思考、落实与践行。

其二，聚焦高校思想政治教育基本问题、自身特点和内在规律的研究，既注重内在逻辑的系统性，更突出了研究论域的创新性。

高等学校肩负着人才培养、科学研究、社会服务、文化传承与创新、国际交流与合作的重要使命。"培养什么人、怎样培养人、为谁培养人"是教育的根本问题。丛书聚焦新时代青年大学生的健康成长，思想政治教育工作者的能力素质以及教育内容、方法的拓展创新等基本问题和热点问题，在内容建构方面既注重内在逻辑的系统性，更突出了研究论域的创新性。内在逻辑的系统性体现在每一本书既是独立的论域，但同时又组成了一个统一的整体。比如，关于新时代青年工作的理论与实践、全面依法治国方略与大学生法治教育，重在对新时代新思想新理论的形成、发展与践行的研究和探讨，突出了对新思想新理论的追本溯源、探赜析微；大学生主体性思想政治教育实践研究、高校思想政治教育亲和力研究、高校辅导员职业能力建设研究，聚焦新时代高校思想政治教育的主体对象和基本问题，突出了对教育对象、教育者自身特点、能力素质以及新时代思想政治教育特点和内在规律的研究；马克思主义职业选择理论与大学生就业问题研究，则着眼于理论对实践的指导作用，突出了解决学生的思想问题与解决现实问题的结合。这些研究都紧紧围绕高校立德树人和用习近平新时代中国特色社会主义思想铸魂育人这个核心，从而构成了其内在逻辑的系统性。在研究论域的创新性方面，既有对高校思想政治工作面临的新形势新任务新挑战的学理分析，更注重对新时代思想政治工作特点和规律及其高质量发展的深度思考与探究。

其三，坚持理论与实践相结合、解决思想问题与解决实际问题相结合，在注重理论探讨的同时，结合工作实践突出了策略方法的针对性和解决现实问题的有效管用。

习近平总书记在全国高校思想政治工作会议上指出："思想政治工作从根本上说是做人的工作，必须围绕学生、关照学生、服务学生，不断提高学生思想水平、政治觉悟、道德品质、文化素养，让学生成为德才兼备、全面发展的人才。"这一重要论述深刻揭示了高校思想政治工作的本质特征，对高校思想政治工作的方法途径和价值目标提出了明确要求。丛书立足高校实际，在关注青年工作、青年学生主体性、大学生法治意识、思想政治教育亲和力的同时，把处于学生工作一线的辅导员专业素质和职业能力以及马克思主义职业选择理论与大学生就业问题作为研究对象，体现了对高校思想政治工作队伍和大学生切身利益等具体问题的关注与关切。将马克思主义理论运用到学生就业和职业发展的具体实践中，把解决思想问题和解决实际问题相结合，体现了思想政治教育知与行的统一。辅导员职业能力建设研究不仅对提升辅导员自身职业能力有重要的理论价值和实践价值，而且对推进高校思想政治工作队伍建设具有重要的启示和指导作用。

思想政治教育是一项政治性、思想性、专业性很强的实践活动，建设一支高素质的学生思想政治工作队伍是落实立德树人根本任务的重要保证。丛书的六位作者都有从事学生辅导员工作的经历，在学生思想政治教育和日常思想政治工作方面有一定的积累。书中所阐发的观点既是他们理论学习的心得和体悟，也是他们日常工作实践的亲身经历和经验总结。从这个意义上来说，丛书所展示的是一幅幅大学生思想政治教育的真实画面，是一帧帧教育者与受教育者交流互动的鲜活场景，具有很强的感染力、可读性，对做好高校思想政治教育工作具有重要的借鉴意义和指导价值。

近年来，在习近平新时代中国特色社会主义思想的指导下，高校思想政治教育工作取得了显著的成绩，展示了中国特色社会主义大学的制度优势和独特魅力。2021年7月，中共中央国务院又印发了《关于新时代加强和改进思想政治工作的意见》，对加强和改进新时代思想政治工作作出了全面部署，提出了新的要求，这无疑将对高校思想政治工作产生积极而又深远的影响。希望本套丛书的出版能为高校思想政治教育研究的繁荣创新尽绵薄之力。

需要特别说明的是，本套丛书是在陕西师范大学副校长、马克思主义学院前院长任晓伟教授的精心策划和具体指导下完成的。从选题立项到编辑出版，从内容体例到写作规范，包括马列经典著作的版本，晓伟校长都给予了悉心指导。从这个意义上来说，本套丛书既是教育部高校思想政治工作队伍培训研修中心（陕西师范大学）

人才培养的回顾和小结，也是马克思主义学院人才培养成果的展示，更是对我们今后在高层次专门人才培养和科学研究中如何瞄准前沿、凝结集体智慧和成果的有益探索。当然，鉴于理论水平和研究能力所限，丛书还存在诸多不足，还需要进一步深入研究。比如，如何拓展研究的理论视域及其深度广度，在注重实效性的同时进一步突出学理性；如何处理好工作经验与科学研究的关系，把经验上升为理论，从而更好地指导实践。这些都需要在今后的研究中进一步完善提高。

在审阅书稿的日子里，我脑海中不时浮现出当年申报教育部高校辅导员培训和研修基地的情景，以及成为全国首批"高校辅导员在职攻读博士学位专项计划"招生单位以来，我校思想政治教育学科和思想政治工作队伍建设发展进步的一幕幕场景。借此机会，我要特别感谢长期以来对马克思主义学院和教育部高校思想政治工作队伍培训研修中心（陕西师范大学）学科建设、队伍建设、高层次人才培养等工作给予帮助、指导和支持的各位领导和专家学者！同时也感谢陕西师范大学出版总社刘东风社长、大众文化出版中心郭永新主任和郑萍编辑为本丛书的付梓所给予的大力支持和悉心指导！在本丛书的修改和出版过程中，我们深刻感受到了陕西师范大学出版人的学术素养和敬业精神。

是为序。

王　涛

2022 年 8 月

前　　言

马克思主义职业选择理论是以马克思主义的实践观为指导,用主客体理论框架来研究职业选择问题的。本书具体阐述了职业选择主体、介体的构成和功能,分析了职业选择的对象、客体本身,论述了社会经济、政治、精神条件对主体选择的制约与影响。

本书以马克思主义关于人的全面发展理论和职业选择的基本思想为指导,从人的一般选择本性出发,对大学生职业选择的主体条件、客体依据和中介环节等问题进行了初步探讨,试图建立马克思主义职业选择理论的雏形,推进马克思主义职业选择理论的研究。

职业选择理论中,关于择业主体条件的要求是对大学生的一种激励;关于职业选择应持什么样的价值观的论述是对大学生的爱国主义、集体主义教育;关于理性地进行职业选择和理性地对待选择结果的分析,是对大学生的一种方法论的辅导,也是对大学生人生职业选择的提醒和警示等等,这些论述无不包含着对大学生的思想政治教育内涵。新时代大学生思想政治教育的内涵有了新的发展,它不仅教育学生成人成才,更是教育学生学以致用,帮助学生担当作为,履行社会责任。所以,马克思主义职业选择理论不仅是马克思主义的重要组成部分,还应该直接成为马克思主义思想政治教育理论的重要组成部分。

随着我国经济政治文化体制改革的不断深入，具有中国特色的就业服务管理体制改革也进入深水区。如何搞好这一领域的顶层设计，如何发挥政府、学校、家庭在这一领域的协同效用，如何增强学生的主体选择性，如何进一步完善公平、竞争、有序的劳动力市场，都需要有一定的理论作为指导。显而易见，马克思主义职业选择理论为有效解决此类问题提供了理论支撑。

马克思主义的最高价值追求是人的全面自由发展，其中包括人的个性发展。而人的个性发展，最终是要落实到其个人所从事的职业中去的。因此，从我国实际出发，将人的职业选择行为与个性发展问题联系起来，系统探讨马克思主义职业选择理论与我国高校毕业生充分就业的关系，构建具有中国特色的马克思主义职业选择理论体系，不仅能够实现职业选择理论与个性发展理论的有效衔接，而且有助于克服空洞化、碎片化、无现实内容地研究马克思个性发展理论的缺憾，从而达到深化、丰富马克思主义个性发展理论的目的。

就业是民生之本，党和政府高度关注广大劳动者，特别是高校毕业生的就业问题，始终把它作为社会治理、强国富民、民族复兴的重要内容。大学生就业问题关联面广，包括实现个体的人生价值、回报家庭教育投资、践行高等教育的可持续发展、维持社会的和谐稳定、培养社会主义事业建设者和可靠接班人等。高校毕业生的就业问题不仅仅关乎个体，也影响着整个社会。党的十八大以来，党和政府更加关注大学生就业问题。党的十八报告指出，要紧密联系人民群众的实际需要，继续加大保障民生的力度，就需要我们推出涵盖面更广、涉及领域更多的政策，重点是要尽全力解决好高校毕业生就业问题和社会各领域就业困难群体的就业创业问题。

高校毕业生就业难，难在何处？纵观当下，高校毕业生就业环境、就业政策以及毕业生自身都存在着一系列的问题。具体表现为：人才需求的区域性矛盾大；人才供应的结构性矛盾突出；我国针对大学生就业的国家政策、相关制度、服务机构、服务措施尚未健全，就业市场不完善；有些用人单位提高用人学历、经历、技能标准，人才高消费"内卷"现象严重；加上高校职业规划、就业指导滞后且不到位；家庭和社会对高校毕业生的就业期望值过高；一些大学生自身存在就业观念落后、自主创业困难等现象。

大学生就业是一项系统工程，需要大学生、家庭、学校、政府以及社会多方共同努力。大学生个体要完善他们的主体就业能力，塑造健全的人格，具备丰富的知识和较强能力，在实践中提升职业选择能力。家庭教育也要融入职业生涯发展教育，帮助子女提高职业选择能力。学校要改革教育教学模式，加强社会实践环节，提高教育教学质量和社会的契合度。政府要强化大学生就业的政府责任，包括扩大就业岗位和需求、完善就业市场、提供就业政策和法律保障等。结合中国大学生就业实际，研究马克思主义职业选择理论，有助于大学生择业能力、职业素养的全面提升，有助于高校树德育人职能的强化，有助于社会和谐发展。培养适应我国社会主义现代化事业的高素质人才是高校的根本任务，教育引导学生树立正确的世界观、人生观和价值观是学校教育的永恒主题。马克思主义职业选择理论教育注重人的需求和利益，可以促进个人、集体和社会三者的和谐发展，有助于促进社会经济的发展和秩序的稳定，化解当前高校毕业生就业创业困境，实现个人职业发展融入社会发展。因此，只有在马克思主义的职业选择理论的指导下，在充分遵循市场经济基本规律前提下，大学生、家庭、学校、政府以及社会多方共同努力，同时进行社会人力资源的合理配置，才能实现大学生充分就业、高质量就业，实现中华民族的伟大复兴。

目 录

第一章　职业选择与马克思主义职业选择理论 / 001

　　一、选择与职业选择 / 001

　　二、马克思主义职业选择理论的基本思想 / 006

　　三、马克思主义职业选择理论在中国的创新与发展 / 020

　　四、西方主要职业选择理论研究的局限性 / 037

　　五、马克思主义职业选择理论对实现大学生高质量就业的意义 / 040

第二章　职业选择的主体 / 046

　　一、需求与喜好 / 046

　　二、感性与理性 / 049

　　三、能力与体质 / 051

　　四、观念与态度 / 054

　　五、新时代大学生主体的历史责任与使命 / 061

第三章　职业选择的社会条件 / 071

　　一、经济条件 / 071

　　二、政治条件 / 078

　　三、精神条件 / 084

　　四、新时代大学生职业选择的社会条件 / 089

第四章　职业选择的介体 / 096

　　一、职业选择的政策模式 / 096

　　二、职业选择的服务保障体系 / 107

　　三、职业选择的法律保障体系 / 113

　　四、职业选择的评估与反馈体系 / 120

第五章　我国大学生就业的基本特征及存在问题 / 124

　　一、大学生就业状况的基本特征 / 124

　　二、高校专业设置与社会需求匹配度的问题 / 134

　　三、高校教育教学与就业教育指导存在的问题 / 138

　　四、政府对高校的管理与国家就业政策的落实问题 / 141

　　五、大学生自主创业中的问题 / 144

第六章　马克思主义职业选择理论指导下的大学生高质量就业 / 150

　　一、提升大学生的就业能力 / 150

　　二、发挥家庭的就业启蒙辅助作用 / 156

　　三、提高高校教育教学质量 / 160

　　四、抓好创业培训和孵化 / 166

　　五、强化大学生就业中的政府责任 / 169

主要参考文献 / 180

后　记 / 185

第一章　职业选择与马克思主义职业选择理论

选择是生物界的一种普遍现象,生物的发展一定意义上是遗传和适应外部环境变化的选择双向作用的结果。人是社会性的有情感的高级生物。人的选择和一般生物选择有着质的区别。选择在人生中具有十分重要的地位。人生就是一连串的选择过程,存在于社会生活方方面面的各种选择,贯穿于人生的始终。职业选择是人生种种选择中的重要一种。马克思主义职业选择理论不同于其他的职业选择理论,包含着丰富的内容和显著的特质。

一、选择与职业选择

选择也就是挑选和择优,是自然界长期进化、优胜劣汰的结果,也是一切生物都具有的基本生存功能,又是人类主体性、能动性的集中反映。"选"是按一定的标准从众多的事物中挑选出最好的来,"选"的对象以人为主;而"择"固然也是挑选,不过挑选的根据是选取人的意愿和需要,因此以所需事物为主。①

(一) 选择是一切生物的普遍属性

生物与非生物的区别,就在于前者必须与周围环境不断地进行物

---

① 周书俊:《选择论》,中央编译出版社 2006 年版,第 24 页。

质、能量、信息的交换，以保持或延续自身的存在。这种交换一旦停止，它的生命也就完结了。生物对物质、能量、信息的依赖，体现为一种需要，需要阳光、水分、食物等等。一切生物都具有类似"饥而求食，劳而求快，苦则求乐，辱则求荣"的本能。通过需要的满足与再满足，保持机体的存活和发展。

对生物来说，周围环境有它需要的东西也有它不需要的东西，有对它有利的对象，也有对它有害的对象，这就使生物产生了趋利避害的功能，即生物的选择性。"生物在进化过程中，外界选择压力的存在可以保证生物群体的随机变异，实现定向淘汰，最终与环境压力相适应的基因型得以保存。当外界压力发生变化，生物群体需要提高其生理适应性得以存活，且必须保持自身的活性，避免死亡，对新环境的进化适应必然涉及某些特征的增强，从而导致机体的改善和适应性的增加。"[1]

最低级最原始的生物，如变形虫、鞭毛虫就具有自身趋向食物、逃避敌害保护和完善自我的本领。植物的根能够选择性地向有水有肥的方向生长就是例证。各种植物在自然界中通过生存竞争方式自然选择，优胜劣汰，从而使植物不断进化、不断完善。因此，植物的选择具有普遍性。对动物来说，它们的选择的普遍性程度更高级，精细化程度更强，其选择的行为不仅仅表现在逃避敌害和获取食物两个方面，比如，有些动物通过选择有利于自己生存的地理条件和生态环境，形成了规律性的远距离往返迁徙；高等动物如大猩猩具有选择合适的工具取得食物的能力。大部分动物都以雄性生物竞争的方式优化选择，这种选择更利于优胜劣汰、传宗接代、物种延续。美国著名的哲学家、逻辑学家莫里斯曾经指出："选择是有生命东西的主要特征，没有选择的生活就会使

---

[1] 肖勇、肖长烨：《微生物在不同环境下的进化机制研究进展》，载《华侨大学学报（自然科学版）》2019年第1期，第1—8页。

生活停止下来。"① 因此,"活着就是选择某一些事物,放弃另一些事物"②。

人是生物意义上的人,同时也是社会意义上的人。和其他生物一样,人生也始终贯穿着选择。著名的存在主义哲学代表萨特认为,人的存在是宇宙间真正的存在,在诸多存在中,人的存在和万物的存在比较具有先在性。萨特一个著名的观点就是,人的存在先于人的本质,人的本质就是人的自由,而他所说的人的自由首先是人的选择自由,人生就是一连串的选择,每个个体的选择就构成了自己独特的人生。人的选择不同于一般意义上的生物选择,其中一个重要特征就是人的选择具有能动性。

(二) 选择是人的能动性的体现

辩证唯物主义认为,人与动物选择的区别在于人的选择是一种自觉的、有意识的活动,是权衡比较后的选择,这是人的主观能动性的体现。动物的活动更多的是一种本能,动物的选择是出自遗传和环境反应的选择,而人的选择则是在实践的基础上发挥主观能动性的选择。主观能动性是思维与实践的结合,自觉地、有目的、有计划地反作用于客观世界。人类的社会生活从本质上讲就是不断进行选择的活动,这种自觉自主选择正是人类生存、生活的本源和本质特征。

人的活动有认识活动和实践活动,人的认识过程本身就是选择过程。人认识什么,不认识什么,抑或是先认识什么,后认识什么,是根据生活需要选择的。人是以自己已有的认知结构认识客体的,自觉不自觉地见其所见,不见其所不见,不是接受客体的全部信息,而是已经选择过的信息。人的认识是主客体相互作用的过程。主体的基本特征是能

---

① C.W. 莫里斯:《开放的自我》,定扬译,上海人民出版社1965年版,第33页。
② C.W. 莫里斯:《开放的自我》,定扬译,上海人民出版社1965年版,第11页。

动性和创造性。客体指被认识者,是与主体相对应的客观事物、外部世界,是主体认识和改造的一切对象。原则上说,一切客观存在的事物都可以成为人类认识和改造的对象。但在一定历史条件下,作为人们认识和改造的对象,只能是物质世界的一部分,即只有进入人的认识和实践活动范围,同主体进行物质、能量和信息交换的那部分事物,才是现实的客体和对象。客体主要包括自然客体和社会客体。人既是主体,又是客体。客体的基本属性是客观性和对象性[①]。辩证唯物主义认为,客体是不依赖主体而独立存在的;主体不是消极地适应客观世界,而是在实践中能动地反映和改造世界。

人类改造客观世界的一切实践,都是有意识、有目的、有选择的活动,包括对实践目标的选择、实践对象的选择、生产工具的选择、活动方式的选择等。人类群体作为一个组织,它有自己的组织方式、制度安排、运作体制等的选择,另外,在管理实践中,有行动方向的选择、决策方案的选择、行为规范的选择、团队的选择、人才的选择,等等。人类实践过程中还有不同价值观、不同思维方式的选择,对各种制度、关系、规则的选择,因而在人类文明史上,不同的民族、种族在不同的时代具有不同的道路和发展特色。

职业选择中人的能动性表现为对职业类型的选择。职业类型的选择既是人的知识积累、技能积累的自然递进过程,也是在一定的价值导向下,通过个体努力选择的结果。这里的选择有长时间积累过程中的选择,也有面对多重可能性个体的抉择。个体在抉择中面对情感、现实、发展等多种矛盾冲突作出决断。决断本身就是一种选择。

(三)选择是人成功的关键

人的发展过程是追求成功的过程,但是对于成功,古今中外,人们

[①] 刘建明主编:《宣传舆论学大辞典》,经济日报出版社1992年版,第3页。

各有不同的理解，人们按照自己的认识，选择不同类型的成功，也就是选择不同的发展道路、发展方向，选择不同的生存方式、生活方式。

美国微软公司联合创始人比尔·盖茨曾说，人生有无数条路，而一个人只能在同一时间里选择其中的一条。选择是为自己设定未来。选择正确的人才能大展身手，否则就是荆棘丛生、寸步难行。在漫长的生命历程中，抓住关键点的抉择，对生命有更大的意义。中国科学院院士、中国工程院院士、计算机汉字激光照排技术创始人王选也曾谈到，我们要献身于科学技术研究，就没有权利再过像普通人那样的生活，必然会失去常人所能享受到的不少乐趣，但也会得到常人享受不到的很多乐趣。

（四）职业选择是人生的关键环节

"职业"（occupation）是性质相近的一类工作的总称，通常是指个人所从事的服务于社会并将其作为主要生活来源的工作。在特定的组织内它表现为职位，也就是某一类职位，即从事这个工作的岗位。职业是人类社会分工的结果，是生产力水平与人类生活方式、行为模式、思想价值等个体发展程度的综合反映。"职业"自诞生之初就存在于社会之中，满足不同社会生产力及生产关系阶段、社会分工水平及相应的社会需求；同时，"职业"的活动过程又以独立的个人为实现主体，通过个体的劳动实践得以完成。因此，"职业"是个人与社会交互的中介。

职业选择是指"人们从自己的职业期望、职业理想出发，依据自己的兴趣、能力、特点等，结合自身所处的外部环境条件，从社会现有的职业中选择一种适合自己的职业的过程"[①]。职业选择是人们真正进入现实社会生产领域的重要行为，是人生历程的关键环节。通过人的职业

---

① 王冠宇：《职业选择理论简评》，载《人口与经济》2009年第A1期，第101—102页。

选择，较好地实现人和劳动岗位的结合，使人类个体顺利进入社会劳动岗位，从而也使得个人社会化过程顺利实现。职业选择是主体客体相互选择、相互适应的过程。职业选择行为是个体自我意识与社会历史条件、社会现实需求共同作用的产物，推动着个体与社会之间矛盾关系的发展。综上所述，职业选择是劳动者根据社会发展需要和自己的职业兴趣，凭借自身能力挑选劳动岗位，使自身能力素质与岗位需求特征相符合的过程。

人都有追求幸福的愿望，都希望有理想的工作，因而就有了职业选择活动。从历史过程来看，随着生产力的发展，三次社会大分工使得不同产业、行业、职业逐渐区分开来。这就提出了选择职业的问题。为了获得生存资料与发展手段，人们必须选择职业，但是，在漫长的历史长河中，人们的选择余地是很有限的。囿于尚未摆脱以"物的依赖"为基础的生产力与生产关系发展阶段、固化不变的社会分工、强制性的社会结构形式以及人自身固有观念的禁锢，人们陷入了普遍异化的状态，很不自由。因此，职业选择是一个与个体发展相融合的过程，是人的全面自由发展，与个人、社会主客观约束的矛盾运动的过程，职业选择最终就是要解决人的全面自由发展的问题。

二、马克思主义职业选择理论的基本思想

马克思主义职业选择理论，是马克思就业理论中关于职业选择的部分，是马克思关于择业及与之有关问题的深刻而丰富的论述，存在于马克思主义严密的科学体系之中。马克思主义职业选择理论以马克思主义世界观和方法论为指导，是关于马克思主义哲学、政治经济学、科学社会主义等一系列领域的理论，是指导人们进行科学认识和理性实践的科学理论，是关于择业、就业的科学理论。唯物史观与辩证法是马克思主义职业选择的理论基础。马克思关于实践的观点、人的本质的观点、人

的解放、人的全面自由发展的观点和共产主义学说是马克思主义哲学的基础和理论前提，也是马克思主义职业选择理论的基础。马克思恩格斯虽然没有写过完整的关于职业选择的专著，但是他们有体现其职业选择思想的文章，早期最典型的一篇是《青年在选择职业时的考虑》。马克思恩格斯关于职业选择的思想散见于他们和后继者一系列哲学及其他理论著作中，包括《共产党宣言》《资本论》《经济学手稿》《反杜林论》《哥达纲领批判》等。在马克思主义发展过程中，列宁、毛泽东、邓小平等马克思主义的革命导师们相继在其他著作中进行了很好的补充和完善。新时代以习近平同志为核心的新一代中国共产党人对马克思主义职业选择理论守正创新，不断发展。马克思主义职业选择理论主要是在马克思主义哲学概念框架与视域中，针对人们职业选择自由受禁锢的根源、与之相对应的价值诉求以及职业选择活动的前提、基础、标准等问题展开的深层次研究。

马克思恩格斯的职业选择理论首先建立在对资产阶级职业观批判的基础之上。马克思恩格斯认为所有的职业追溯其本质都能够找到其阶级归属，认为职业差别本质上是阶级差别。马克思恩格斯批判了资产阶级不劳而获的职业观，批判了资本主义世界里，劳者不获、获者不劳的悖论。资本家好像也在工作，也有职业，但是他们的职业实质却是剥削工人的剩余价值。在对资本主义职业观批判的基础上，马克思恩格斯形成了基本的职业选择理论。

马克思主义职业选择理论是在马克思恩格斯的职业选择理论基础上不断发展和完善的理论。

（一）职业选择以劳动光荣为先决条件

马克思恩格斯奠定了劳动光荣的理论基础。首先，马克思恩格斯肯定了劳动在从猿到人的进化当中的作用，表明了他们认为劳动具有至高无上的价值的倾向。恩格斯就断言：劳动创造了人本身。正是在劳动过程中，人不仅创造了自己的物质本体，而且也创造了自己的精神本体。其次，马克思恩格斯认为，劳动是一切人类财富的源泉。马克思继承了英国古典经济学对劳动价值论的肯定，对劳动在财富创造中的作用进行了充分的肯定。再次，马克思恩格斯认为，劳动是把自然和人类社会区别和联系起来的关键，是基础。劳动改变了人与自然的关系，同时也改变了人本身。最后，最为重要的是，马克思恩格斯认为，劳动为工人阶级的最终解放创造了条件。劳动创造了物质财富的同时也创造了社会关系，劳动的发展为未来社会的发展、人自身的发展开辟了道路。

列宁等马克思主义者进一步明确了劳动的作用和地位。列宁认为提高劳动生产率是发展社会主义经济的前提。列宁尤其重视工人阶级的劳动组织性、纪律性。

在马克思主义中国化的过程中，劳动光荣成为中国共产党人始终坚持的思想共识、价值认同和行为准则。毛泽东纪念普通劳动者张思德就是一个典型的例证。新时代，习近平总书记强调，劳动是一切幸福的源泉。用四个"最"表达了劳动的崇高地位：劳动最光荣、劳动最崇高、劳动最伟大、劳动最美丽。劳动模范是民族的精英、人民的楷模，新时代要大力弘扬劳模精神、劳动精神。

在此基础上，马克思主义职业选择理论主张职业平等。马克思恩格斯主张，面对劳动，所有职业都是平等的。他们经常使用"无差别的人类劳动"一词就是一个明证。列宁认为社会主义实现的是劳动者的平等，是劳动者社会地位的平等。毛泽东主张的官民平等思想就是职业平等思想的具体体现。在中国共产党人的思想中，职业平等几乎是不言自明的。

（二）职业选择以社会分工为前提

马克思主义职业选择理论建立在马克思主义唯物论之上，其所展现的逻辑范式是生产力决定生产关系、经济基础决定上层建筑。马克思主义职业选择理论将个体置于历史矛盾运动和现实条件中,是一种唯物史观的职业选择理论。职业是分工的社会化表述,职业选择是社会分工体现于个人主观意志产生的行为。马克思深刻探讨了生产力、生产关系、社会分工、劳动异化的关系问题。社会分工是劳动的组织形式,具有生产力与生产关系的二重属性,反映了生产力的发展阶段,也制约着生产关系的所有制形式。一方面,分工是在生产力水平的决定性作用下,对生产资料、劳动对象、劳动产品的分配;另一方面,分工的结果是人们对资本与劳动产品不同程度的占有,是形成和制约生产关系及其他社会关系的基础,产生了体力劳动与精神劳动的区别、城市与农村的分离、阶级关系的对立、社会结构的构建与世俗观念的转变。在《德意志意识形态》中,马克思考察了中世纪以来私有制发展的三个时期,即商业、工场手工业、机器大工业的生产力、社会分工、异化劳动三者的状况,并提出"分工提高劳动的生产力,增加社会的财富"的论断,社会分工是引发生产力发展的重要杠杆[①],但同时指出,分工是人的畸形发展的根源,是社会文明进步和发展的结果,是社会生产力及社会分工发展的结果。某种程度上也可以说,社会文明和发展程度越高,社会分工就会越细致,社会产生的工作岗位就会越多,充分满足人类自身需求的就业机会就会越多,人的全面自由发展才可能实现。因此,在马克思看来,人类社会生产力的发展造成社会分工,社会分工推动生产力发展,产生劳动与人的异化,建构出新的社会关系与社会意识。这样,马克思就从唯物史观的角度为社会分工的形式探寻到了其生产力根源,这种社会分工作为固定化与模式化的生产关系,又作用于社会的政治体制及思想观念,作用于人的主观意识层面,进而对个体职业选择偏好产生

---

① 中共中央马克思恩格斯列宁斯大林著作编译局编译:《马克思恩格斯文集》第1卷,人民出版社2009年版,第123页。

影响。

在一定历史阶段的社会分工条件下,个人职业选择受历史的必然性制约。历史上个人的职业选择并非自由随意,而是在特定的社会分工下进行的。马克思认为,社会分工是劳动的固化,社会中的每一个人被一种非自愿的力量固定于某一种劳动之上,无法自由变换或轮流从事其他劳动,而且被这种力量压迫,"自然形成的分工而非出于自愿,那么对于人本身而言是一种异化的、与他对立的抗力,这种外力压迫着人,而非人掌控着这种力量"①。从个体异化角度而言,社会分工将个人从事的职业长期固定在某一领域,将劳动者个人局限于某一特定专业或技能,限制了人其他能力的发展,造成了人在智力、体力上的机械式重复与情感上的麻木僵化。从社会异化角度而言,社会分工使社会结构与社会观念畸形化、片面化。劳动的不流动性使得社会资源长期集中于一部分人手中,经济优势延伸至政治与文化领域,就会使整个社会结构失衡并产生对抗,造成不同级别、不同工种、不同行业产业、不同地域的对立。这种不合理的现实长期存在,就会形成地位高低、劳动贵贱以及由此产生的贫富尊卑等世俗观念,影响人们的职业选择,扭曲人的自由发展。社会分工是产生异化的前因,是人之所以无法自由劳动、全面发展的根源。要实现马克思主义择业的理想状态,就必须消灭社会分工,仅仅依靠头脑里抛弃观念,是无法实现个人力量由于分工而转化为物的力量,唯一的办法就是,依靠个人重新驾驭这些物的力量,并借助消灭分工方可实现②。

特定历史阶段的社会分工与人的片面发展有内在的逻辑联系,也正

---

① 中共中央马克思恩格斯列宁斯大林著作编译局编译:《马克思恩格斯选集》第1卷,人民出版社2012年版,第199页。
② 中共中央马克思恩格斯列宁斯大林著作编译局编译:《马克思恩格斯全集》第1卷,人民出版社1995年版,第18页。

基于此，在对未来社会理想的追求中，突破分工的狭隘性，实现人的全面自由发展成为马克思主义的基本追求。马克思在《德意志意识形态》中提出分工造成了人的片面、畸形发展的观点，分工也剥夺和限制了大多数个人的全面发展，使个人固定在一定的活动范围中，这个范围是强加于他而非出于自愿。职业的选择直接决定个体将从事何种类型的劳动活动、妥协于何种约束以满足社会的劳动分工。受制于社会生产力水平所处的历史阶段，劳动尚无法实现自由自觉，职业选择无法为人的全面自由发展创造提供路径，因而马克思将人的全面自由发展，也就是人类的幸福和自身的完美，作为个人人生职业选择的最高价值理想，希望通过改变社会的旧式分工，实现每个人全面自由发展，最后实现一切人自由而全面的发展。

（三）职业选择与历史发展过程相适应

马克思主义认为，人的职业选择与社会历史、人自身的发展密切相关，与人的解放程度、人自身的发展水平相适应。

在马克思主义理论体系中，人的全面自由发展是最高的价值追求。而这个过程就是人不断实现解放的过程。而人自身不断解放的过程，就是人择业自主性不断增强、理想择业状态不断实现的过程。所以马克思主义职业选择理论与马克思关于人的解放理论指向同一个价值归宿，前者依赖于后者，前者的实现包含在后者的实现之中。

马克思主义认为，人的解放就是要解除政治经济、社会文化、物质精神等方面的束缚，扫除禁锢人类发展的各种障碍。关于人的解放，马克思主要提出了如下内容：

第一，把人从异化的人的世界中解放出来。这一观点在马克思《1844年经济学哲学手稿》一书中有较为全面的阐述：人类作为一种类存在物，其本质就是人在自己的生产、生活等实践活动中与自然、社会、人自身所结成的错综复杂的相互关系，这些关系构成了人的世界。

人的这一世界本来是和谐美好的，但在现实的资本主义社会中，它变得冲突对立，极不和谐。因此要实现人的解放就要把人从与自然、社会、人自身之间的异化关系中解放出来，恢复其原有的本真。

第二，使人解除异化和雇佣劳动的束缚。马克思在《1844年经济学哲学手稿》中，通过批判黑格尔片面强调劳动的积极作用、看不到劳动的消极作用的做法，提出解除异化劳动对人的奴役和束缚、摧残，使其变成自由自觉的劳动的思想。在《1857—1858年经济学手稿》中，马克思再次强调劳动解放就是要消灭雇佣劳动，实现人的自由联合劳动。在《哥达纲领批判》中，马克思进一步重申，劳动解放不单单是消灭资本主义分配方式的问题，而是消灭资本主义生产方式和劳动制度的问题，是消除生产的资本主义条件的问题。正如西方人本主义马克思主义者弗洛姆所言，马克思所关心的是使人从那种毁灭人的个性、使人变形为物、使人成为物的奴隶的劳动中解放出来。

第三，使人摆脱非人感觉的束缚。在《1844年经济学哲学手稿》中，马克思认为，在异化劳动的现实中人的感觉被异化为非人的感觉，就是这种感觉仅仅满足于粗鲁的表面化的实际需要，而此种有限"占有""拥有"的感觉与动物的感觉没有什么实质的区别。在马克思看来，人的解放的本质就是让人的一切感觉变为属人的感觉、为人的感觉，把社会中的其他人的被异化的感觉变为属人的感觉、为人的感觉，把被异化的社会的感觉变为属人的社会的感觉、为人的社会感觉。这个解放从客体来说，就是把"异己和非人的对象"变为"属人的对象、为人的对象"，造就使非人的感觉变为属人感觉的对象，把异化的对象变为属人的对象就是要改变对自然界的态度，不是把他看作占有的目的，而是看作"自我享受的对象"。

第四，把人从旧式分工中解放出来。在《德意志意识形态》中，马克思认为，社会分工分离了物质劳动和精神劳动，导致阶级、阶层分化，从而产生了社会差别，并使其日益扩大，造成了个人或家庭的利益与社会共同体利益之间的矛盾，所以，分工是人类社会不平等的起源，它造成了个人与社会的双重异化，要实现人类解放，必须消灭自然的、强制的分工，以自觉的、自愿的分工代之。

第五，把人从物的奴役中解放出来，如金钱、商品、货币、资本等。马克思早在《论犹太人问题》中就提出：从个人来看，人的解放的实质就是把人从对"金钱"的膜拜状态中拯救出来。在《资本论》及其手稿中，马克思经过进一步研究，思想进一步升华，提出了把人从商品、货币和资本等物的奴役中解放出来的思想。

上述人的解放是一个历史过程。马克思始终从社会历史的发展出发，通过认真考察人的发展与社会发展关系，揭示了人的发展的三大形态及其基本特征。一是资本主义以前的社会建立在自然经济基础上，是以"人的依赖关系"为特征，人的发展"只是在相对狭窄和孤立的范围和地点上"进行，表现为"原始的丰富和积累"。二是资本主义社会建立在发达商品经济基础上，是以"物的依赖性为基础的人的独立性"。在这一阶段，社会分工因其高度发达、专门化、细分化的特点，导致人的发展趋向非全面化、职业化、专业化，较之人与人的依赖性阶段，人的发展从原始丰富走向内容丰富化和形式片面化的发展。三是共产主义社会建立在产品经济和共同社会生产能力基础上，实现人对现有生产力的全面占有和支配，任何人可以自由地从事任何职业，人的发展实现了内容与形式的真实与丰富。马克思通过对人的发展与社会发展的考察，揭示了二者的辩证统一关系。一方面，社会发展制约着人的发展，也为人的全面发展提供物质基础和精神动力。人类在社会发展既定的现实生产力和生产关系中从事劳动，社会发展阶段从根本上制约了劳动实践的内容、形式与途径。同时，社会发展又为人的发展创造了日益丰富的社会条件和物质能力，使人在社会提供的可能性范围内进行职业选择和劳动实践。另一方面,人的发展在一定程度上反映着社会发展的尺度,并为社会发展提供主体动力。人们在劳动实践活动中追求自身的解放,同时也为社会发展创造和准备主体力量,发挥着社会主体的能动作用。

(四)职业选择以社会实践为基础

马克思主义哲学是唯物主义的实践哲学。它认为社会生活在本质上是实践的。物质生活的生产方式决定着社会生活、政治生活以及精神生活的过程。对现实社会问题的理解可以从两个角度进行:第一,从客体的方面来理解,它既是人的实践活动,又是人的感性活动;第二,从主体的方面来理解,既要重视客体和客观规律的作用,又要重视主体并发挥主体的能动作用。正因为这样,以往的哲学只是了解世界、理解世界,而马克思主义的实践唯物主义不仅要认识和解释世界,更要改变世界。

实践观始终贯穿于马克思主义哲学的观点之中。马克思主义的实践观认为,实践的生成就是人以自己的本质力量作用于自然界,它同时创造着人与自然界的新的关系,并在这种关系的基础上生成人的生存价值世界和整个社会生活。马克思认为实践开启了人的一切社会存在,在此基础之上构建起了精神与意识,产生了世界观和价值观。

个体对职业的选择是客观存在反映在人脑中的主观性活动,需要经历分析、比较、判断、抉择一系列意识活动,这种主观映像是否符合客观条件、是否确为人们所需、是否经得住时间检验,都需要以实践为依据进行考量并由实践检验。因此,职业选择的依据和目的都是劳动实践,择业立足于实践。

马克思主义职业选择理论指出,选择职业时伫立观望是不够的,如果"没有仔细分析它,没有衡量它的全部分量,即它加在我们肩上的重大责任；我们只是从远处观察它，而从远处观察是靠不住的"①。观望就能了解的，还需要进行亲身考察。所以，当条件具备时，择业应从过往实践经验中深入思考，在从业实践中反复锤问；当没有足够的实践可以追溯，我们的目光可以投向我们的父母、师长或其他成功的人，他们在人生阅历上、在对就业目标的认识上，可能比我们更加深刻和透彻，我们可以把他们的实践经验作为我们选择职业时的参考。

（五）职业选择以社会价值为最高价值诉求

人的价值包括个人价值和社会价值两个方面，个人价值是对每一个特殊的人的需求的实现，社会价值是对社会需要的满足，体现着个体的社会责任、为人类全面自由发展而奋斗的历史使命，二者在马克思主义职业选择理论中相互统一，并以实现人的社会价值为择业的最高价值诉求。

马克思在《青年在选择职业时的考虑》一文中坚定写下选择"最能为人类福利而劳动的职业"是人们择业当有的理想和方向，年少的马克思那时已经意识到个人职业选择和社会需要、个人价值与社会价值之间的关系，已经树立起为人类社会造福的伟大理想②。个人与社会的辩证关系是马克思哲学体系中关于人和人类世界理论的立脚点。与此相对应的是施蒂纳笔下"实际存在的只有诸个体"的孤立的人，不依赖于社会本质和社会关系，它是一种绝对无他的自私本性。马克思在《德意志意识形态》中，批判施蒂纳割裂个人与社会、个人需要与社会责任、个人利益与普遍利益、个人价值与社会价值间辩证关系的错误，提出将人的社会性作为人的存在基点，强调个体只有在集体、社会中才能达到

---

① 中共中央马克思恩格斯列宁斯大林著作编译局编译：《马克思恩格斯全集》第1卷，人民出版社1993年版，第456页。
② 马克思：《青年在选择职业时的考虑》，载《德语学习》2011年第8期，第23—26页。

实现个人需求的满足,人的价值与使命就在于让自己成为社会人群中对公共社会有用的一员,社会整体是作为人的个体为其作出贡献的整体,个体正是在这种献身中,"才从这个整体中复得其身"①。因此,要坚持个人价值与社会价值的统一。

把社会价值放在首位是马克思的一贯思想。马克思这一观点是建立在个人与社会的关系、社会对个人的重要地位的认识上的。这就是关于个人与社会相互制约、相互促进和相互依赖的关系中各自的地位和作用。

一方面,个人与社会之间具有相互创造和实现的现实性。马克思指出:"人们丝毫没有建立一个社会的意图,但他们的所作所为正是使社会发展起来。"② 个人只有在社会中自然地存在,对他来说才是自己的人的存在,对自然界来说才成为人。人的需求、活动和享受都是社会的产物。人的需求归根结底还是一种社会的需要,是从社会生产和交换中产生的需要,也是需要一定的数量来满足这些需要的方式,在很大程度上来说,它还取决于社会的发展状况和文明程度。也可以说,它们本身是历史的产物。"活动和享受,无论就其内容或就其存在方式来说,都是社会的活动和社会的享受"③,"正像社会本身生产作为人的人一样,社会也是由人生产的"④。因此,人不能离开社会,而社会也离不开人。人在创造社会,社会也在创造人。而对具体的个人来说,从根本上看,他的需求和满足是由社会创造的、决定的。

---

① 陈爱华:《论黑格尔"善的理念"的辩证视域》,载《江苏社会科学》2011年第6期,第84—90页。
② 中共中央马克思恩格斯列宁斯大林著作编译局编译:《马克思恩格斯全集》第3卷,人民出版社1960年版,第235页。
③ 中共中央马克思恩格斯列宁斯大林著作编译局编译:《马克思恩格斯全集》第3卷,人民出版社1960年版,第301页。
④ 中共中央马克思恩格斯列宁斯大林著作编译局编译:《马克思恩格斯全集》第3卷,人民出版社1960年版,第301页。

另一方面，个人与社会之间具有相互制约和促进的合理性。个人的发展离不开社会，社会和个人之间相互联系和制约，这既是事实的，又是合理的。马克思指出，"正是个人相互间的这种私人的个人的关系、他们作为个人的相互关系，创立了——并且每天都在重新创立着——现存的关系"①。"个人是从事活动的，进行物质生产的，因而是在一定的物质的，不受他们任意支配的界限、前提和条件下活动着的"②，社会实践活动中人们自己创造自己的历史，但是他们并不是随心所欲地创造，并不是在他们自己选定的条件下创造，而是在直接碰到的、既定的、从过去承继下来的条件下创造。"人是只有在社会中才能独立的动物"③，社会价值的实现是人的价值实现的决定性前提。每个人要想实现自身价值，必须以实现其社会价值为前提，只有社会价值实现了，个人的自身价值才会有实现的可能。并且只有奉献大于索取，社会才会健康地发展和进步。因此，从本质上说，马克思主义是把社会价值放在第一位的。

关于这一点，习近平总书记也进行了多次强调。2016 年 4 月 26 日，他在安徽调研时召开了知识分子、劳动模范、青年代表座谈会，讲话时他深情地说："天下为公、担当道义，是广大知识分子应有的情怀。我国知识分子历来有浓厚的家国情怀，有强烈的社会责任感。'修身齐家治国平天下'，'为天地立心、为生民立命、为往圣继绝学、为万世开太平'，'先天下之忧而忧，后天下之乐而乐'，这些思想为一代又一代知识分子所尊崇。现在，党和人民更加需要广大知识分子发扬这样的担

---

① 中共中央马克思恩格斯列宁斯大林著作编译局编译：《马克思恩格斯全集》第 3 卷，人民出版社 1960 年版，第 515 页。
② 中共中央马克思恩格斯列宁斯大林著作编译局编译：《马克思恩格斯全集》第 1 卷，人民出版社 2012 年版，第 151 页。
③ 中共中央马克思恩格斯列宁斯大林著作编译局编译：《马克思恩格斯全集》第 2 卷，人民出版社 2012 年版，第 684 页。

当精神。这是一份沉甸甸的责任。广大知识分子要坚持国家至上、民族至上、人民至上，始终胸怀大局、心有大我。"①青年"要以国家富强、人民幸福为己任，胸怀理想、志存高远，投身中国特色社会主义伟大实践，并为之终生奋斗"②。2017年1月17日，在世界经济论坛2017年年会开幕式上习近平主席做主旨演讲时说"中国秉持以人民为中心的发展思想，把改善人民生活、增进人民福祉作为出发点和落脚点，在人民中寻找发展动力、依靠人民推动发展、使发展造福人民"③。

（六）职业选择以人的全面自由发展为终极理想

马克思认为，实践本质上是自由自觉的活动，人的劳动实践天然具有主动性与创造性。人的尊严首先体现在人与动物的区别上，且"有无主动意识可将人与动物的生命活动相区别"④。动物为了生存和繁衍，需要与自然界进行物质和能量的交换，也需要进行某种"生产"与"塑造"，但是，这种动物性活动是为了适应自然环境的本能的、机械式、被动式反应，无法意识更不能运用自然规律。而人的劳动实践是有意识的、多样性的，人"按照美的规律构造"，通过劳动创造出了独立于自然界之外的新的存在方式与意识世界，从动物的原始状态走向能动改造世界的自由自主状态，显示了人的本质的主体性。人类的发展历程表明，人是自我创造活动的产物，人类的自主性和创造性，从根本上决定了人类不断创造性地超越其自身的有限性和重复性。

马克思认为，自由作为人的"类本性"，体现在人的积极主动性、能动性的激发与实现中，被动性、消极性是自由的沉睡和丧失，在压力

---

① 习近平：《在知识分子、劳动模范、青年代表座谈会上的讲话》，人民出版社2016年版，第5页。
② 习近平：《习近平关于社会主义文化建设论述摘编》，中央文献出版社2017年版，第130页。
③ 习近平：《习近平谈治国理政》第2卷，外文出版社2017年版，第483页。
④ 马克思：《1844年经济学哲学手稿》，人民出版社2000年版，第57页。

下失去自由就会转化为奴隶性，失去人之为人的尊严。人的主体性的发展是人全面自由发展的关键环节，人的全面自由发展过程实质上是逐渐摆脱来自各方面的约束和限制的过程，以实现个人的独立自主性、自觉能动性和创造性的充分发挥①。因而马克思在思考自己的职业选择时认为，我们应当选择"一种能使我们最有尊严的职业"，在能给人以尊严的职业中，我们不是作为奴隶般的工具，而是在自己的职业领域内独立地进行创造。人的积极主动性与创造性以人的自我实现与自我发展为前提和导引，是人实现价值和自由而全面发展的动力，也是以实现自由全面发展为价值理想的择业行为的衡量标尺。列宁1899年在《我们党的纲领草案》中强调必须赋予全体人民选择职业的自由。1917年发布的《关于修改党纲的草案》中，列宁进一步明确指出，俄罗斯民主共和国宪法必须保证全体公民拥有个人从业的自由。

马克思和恩格斯在《德意志意识形态》中，通过讲述大量历史唯物主义基本原理，对人的全面自由发展问题进行了充分的考察，正式提出了人的全面自由发展问题。马克思认为，人的本质是自由的活动，而劳动是人的本质力量的充分展开，劳动创造了人本身，促进了人的全面自由发展，因而劳动应该是自由自觉的，人的全面自由发展就是自由自觉的劳动。在唯物史观的基础上，马克思通过劳动分工来考察人的全面发展问题，揭示了人的全面发展同生产力发展、历史发展的一致性。"就个人自身来考察，个人是受分工支配的，分工使他变成片面的人，使他畸形发展，使他受到限制"②，分工剥夺了大多数个人全面发展的机会，使个人固定在一定的活动范围内，这个范围是强加于他而非出于

---

① 陈福昊：《马克思人的发展理论的审美主旨》，载《东方企业文化》2011年第4期，第205页。
② 中共中央马克思恩格斯列宁斯大林著作编译局编译：《马克思恩格斯选集》第1卷，人民出版社2012年版，第199页。

自愿。促进自由人的全面发展是社会主义劳动在价值上所具有的与资本主义乃至人类其他一切旧社会的劳动就业形式完全不同的取向和追求，这是社会主义劳动就业观的最高价值目标①。人们的职业选择要变成自主、自觉、自愿的选择，要以生产力的高度发展、消灭旧式分工为前提，最终目的是实现人的自由全面发展。

三、马克思主义职业选择理论在中国的创新与发展

马克思主义职业选择理论在国内的运用与发展体现在党的几代领导人关于职业选择问题的精辟论述中，是领袖个人贡献、全党集体智慧与广大群众实践经验的结晶，是马克思主义职业选择理论同中国特定社会历史条件相结合的产物②。

（一）社会主义探索、建设时期职业选择的理论

毛泽东关于人的职业选择的论述是毛泽东就业思想的重要组成部分，是马克思主义职业选择理论与中国实际相结合的第一次历史性飞跃，是马克思主义职业选择理论中国化的开始和典范。

社会主义建设时期的职业选择具有鲜明的目的性、集体性和计划性。毛泽东曾说："我们的方针是统筹兼顾、适当安排。无论粮食问题、灾荒问题、就业问题、教育问题、知识分子问题、各种爱国力量的统一战线问题、少数民族问题，以及其他各项问题，都要从对全体人民的统筹兼顾这个观点出发，就当时当地的实际条件，同各方面的人协商，作出各种适当的安排。""我们做计划、办事、想问题，都要从我国有六

---

① 黄刚：《列宁社会主义劳动就业思想研究》，载《燕山大学学报（哲学社会科学版）》2008年第4期，第64—69页。
② 王家芳：《"概论"课程体系构建新探》，载《学校党建与思想教育》2006年第3期，第43—45页。

亿人口这一点出发，千万不要忘记这一点。"① 从这些话可以看出：其一，在就业模式方面，毛泽东高度重视中国的就业状况，其就业保障的总目标是保证社会主义国家人人有活干，并以此目标为指导实行计划经济体制下统包统配的就业模式。1949年9月，毛泽东针对上海的就业问题，第一次提出"统筹兼顾"方针。他在给上海的一封电报中指出："我们必须维持上海统筹兼顾，不轻易迁移，不轻易减员。三个人的饭五个人均着吃，多余人员设法安插到需要人的岗位上去。"② "统筹兼顾，适当安排"的方针要求个人对职业的选择退居其次，服从于行政命令计划对职业的安排，首要任务是保证就业的整体数量。其二，在就业保障方面，毛泽东实行了"发展经济，扩大职业门路""劳动力教育和转业训练""劳动力就业介绍和招收"等政策，旨在保证劳动力的稳定和充分就业。"一五"计划时期，国家十分重视培养技术工人。1950年4月14日，中共中央发布《关于举行全国救济失业工人运动和筹措救济失业工人基金办法的指示》；6月17日，政务院发布《关于救济失业工人的指示》，劳动部发布《救济失业工人暂行办法》。要求各地把转业训练放在重要位置，帮助失业人员提高就业能力，适应社会提供的新就业岗位。同时，政府对失业知识分子采用广泛吸收、教育、改造、使用的方针，开展政治和业务训练，训练一般以半年为限。经过训练的知识分子可以在国家需要且能胜任的工作岗位就业。1957年1月27日，毛泽东在省市自治区党委书记会议上的讲话中指出，城市青年，或者进学校，或者到农村去，或者到工厂去，或者到边疆去，总要有个安排。对那些全家没有人就业的，还要救济，要以不饿死人为原则。"统筹兼

---

① 中共中央文献研究室编：《毛泽东著作专题摘编》（上），中央文献出版社2003年版，第933页。
② 何光主编：《当代中国的劳动力管理》，中国社会科学院出版社1990年版，第395页。

顾，适当安排"的方针，在一定程度上限制了择业自由与职业的转换与流动。新中国成立初期，为了加强民族工业、加速城市化进程，鼓励农民进城进场。毛泽东在《论联合政府》中指出："将来还要有几千万农民进入城市，进入工厂。如果中国需要建设强大的民族工业，建设很多的近代的大城市，就要有一个变农村人口为城市人口的长过程。"① 当城市就业压力增大时，毛泽东职业选择思想又转为限制农村人口流入城市。1956 年 8 月，中共中央批发劳动部党组《关于解决城市失业问题的报告》，提出：各企业事业单位招收人员时，仍应遵守先城市、后农村的原则。其三，在就业价值方面，毛泽东"为人民服务"的思想是其职业选择理论的价值核心，为中华民族求得解放、为人民谋得自由和幸福是其一切理论和政策的价值归宿，因而个人职业选择应以整体社会发展为理想，个人职业发展应满足于社会生产的需要，个人选择服从于宏观调配，是一种先社会后个人的社会价值的本位思想。

毛泽东关于职业选择的理论坚持了马克思主义职业选择理论中为人类幸福而奋斗的最高价值理想，体现了个人价值建立在社会价值之上、个人利益服从于集体利益的马克思主义职业选择理论特征。但是，由于新中国各个方面都处于刚刚起步阶段，毛泽东职业选择理论不具备充分发挥个人主动性、创造性，满足个人自由自愿择业的历史条件，因而是在特殊历史时期对马克思主义职业选择理论继承与发展相统一的理论成果。

（二）改革开放以来关于职业选择的理论

我国进入改革开放的历史阶段后，邓小平理论克服了毛泽东职业选择理论计划性色彩过重的缺点，在一定程度上扩大了职业选择的自由度、广度和深度。邓小平曾说："社会主义基本制度确立以后，还要从

---

① 毛泽东：《毛泽东选集》第 3 卷，人民出版社 1991 年版，第 1077 页。

根本上改变束缚生产力发展的经济体制，建立起充满生机和活力的社会主义经济体制，促进生产力的发展，这是改革，所以改革也是解放生产力。"① "科学技术是第一生产力，经济建设必须依靠科技进步和劳动者素质的提高。同经济、政治的改革和发展相适应，以'有理想、有道德、有文化、有纪律'为目标，建设社会主义精神文明。"② 所以，邓小平关于职业选择的理论主要为：其一，解放和发展生产力，提高劳动力的吸纳能力。这一时期，我国仍面临生产力水平落后、就业人口众多的基本国情，充分实现就业仍是该时期的主要任务。基于此，我国建立了社会主义市场经济体制，使生产力得到了极大的解放，人们选择职业的机会更多、种类更丰富、渠道更多元。1980年1月，邓小平在中共中央召开的干部会议上的讲话中谈到：三中全会以后，"开辟了相当规模的多种多样的就业门路，去年一年就安排了社会待业人员七百万人以上，今年还要继续安排"。1980年8月，全国劳动就业工作会议制定了劳动部门介绍就业、自愿组织起来就业和自谋职业相结合的就业方针。会议确定，在解决随后几年劳动就业问题时，都尽最大可能发展自负盈亏的集体所有制经济，适当发展不剥削他人的个体经济，发展服务业、建筑业和劳动密集型产业。1980年12月25日邓小平在《中共中央工作会议上的讲话》中说："继续广开门路，主要通过集体经济和个体劳动的多种形式，尽可能多的安排待业人员"，"今后建设新企业以中小企业为主，建必要的大企业。搞中小企业，管理水平也提高得快"。其二，加强智力投资与劳动力培训，提高劳动者素质。职业选择者智力体力作为其劳动能力的重要体现，在马克思主义职业选择理论中也是择业的基本要素之一。1978年4月，邓小平在全国教育工作会议上的讲话

---

① 邓小平：《邓小平文选》第 3 卷，人民出版社 1993 年版，第 370 页。
② 中共中央文献研究室编：《邓小平思想年编：1975～1997》，中央文献出版社 2011 年版，第 713 页。

中指出:"今后国家将努力开辟新的途径,增加新的行业,以便更有效地为四个现代化服务。我们制定教育规划应该与国家的劳动计划结合起来,切实考虑劳动就业发展的需要。"① 1985年5月19日,邓小平在《全国教育工作会议上的讲话》中谈道:"我们国家,国力的强弱,经济发展后劲的大小,越来越取决于劳动者的素质,取决于知识分子的数量和质量。一个十亿人口的大国,教育搞上去了,人才资源的巨大优势是任何国家比不了的。有了人才优势,再加上先进的社会主义制度,我们的目标就有把握达到。"② "大家常说要增加智力投资,利用这次机会,对大批干部、工人进行正规教育,提高他们的政治水平、文化水平、技术水平、经营管理水平,就是一种能够收到很好效果的智力投资。"③ 邓小平强调提高劳动者的科学文化素质,为职业选择者自由择业奠定了个人基础,国家在给劳动者创造就业机会中发挥了根本作用。

邓小平关于职业选择的理论有效指导了中国择业、就业的实践,是符合我国国情的职业选择理论成果,体现了对职业选择者个体自主自由选择的尊重,并在个人能力方面做了相应准备,同时承认市场在劳动力资源配置方面的基础性作用,允许劳动力在产业、行业、职业中的自由流动,实现了对毛泽东职业选择理论的完善与创新。当然,这一时期由于历史条件所限,个体经济发展还不充分,人们职业选择自由度还比较低。

江泽民关于职业选择的理论是在改革开放后生产力得到一定发展的历史背景下关于择业就业的新阶段理论成果。历经半个世纪的发展,生产力问题已经从关乎民族存亡的关键问题上升为改善人民生活的必然要求,因而择业问题也增添了新内涵,由促进经济发展的行政手段转变为

---

① 邓小平:《邓小平文选》第2卷,人民出版社1994年版,第130页。
② 邓小平:《邓小平文选》第3卷,人民出版社1993年版,第120页。
③ 邓小平:《邓小平文选》第2卷,人民出版社1994年版,第361—362页。

关系民生之本的个人选择。江泽民曾提出:"就业是民生之本。……我国就业方面的主要矛盾,是劳动者充分就业的需求与劳动力总量过大、素质不相适应之间的矛盾。"① "从长远来看,我们要逐步加快培育和发展劳动力市场,完善就业服务体系,建立以劳动者自主就业为主导、以市场调节就业为基础、以政府促进就业为动力的就业机制。"② 由此可见,江泽民关于职业选择的理论主要包括两方面的内容:其一,提出"就业是民生之本"的重要论断。这一论断的提出将职业选择者由行为受体转变为行为主体,由决策接受者转变为决策制定者,由社会发展的附体转变为社会发展成果的享受人。早在1997年,江泽民就提到:"要加快国民经济市场化的进程。继续发展各类市场,着重发展资本、劳动力、技术等生产要素市场……健全市场规则,加强市场管理,清除市场障碍,打破地区封锁、部门垄断,尽快建成统一开放、竞争有序的市场体系,进一步发挥市场对资源配置的基础性作用。"③ "要建立和完善市场就业机制,实行在国家政策指导下,劳动者自主择业、市场调节就业和政府促进就业的方针。要按照科学化、规范化、现代化的要求,大力加强劳动力市场建设。"④ 在2002年9月召开的全国再就业工作会议上,江泽民指出:"扩大就业,促进再就业,关系人民生活水平的提高,关系国家的长治久安,不仅是重大的经济问题,也是重大的政治问题。"⑤ 江泽民强调,解决大学生就业问题必须以"三个代表"为标准,

---

① 中共中央文献研究室编:《江泽民思想年编(1989—2008)》,中央文献出版社2010年版,第609页。

② 江泽民:《江泽民文选》第3卷,人民出版社2006年版,第510页。

③ 江泽民:《在中国共产党第十五次全国代表大会上的报告》,载《人民日报》1997年9月22日。

④《中共中央国务院关于切实做好国有企业下岗职工基本生活保障和再就业工作的通知》,载《人民日报》1998年6月23日。

⑤ 江泽民:《全党全社会共同努力,进一步做好就业和再就业工作》,载《人民日报》2002年9月13日。

即大学生在考虑自己的职业选择时应符合发展先进生产力要求,符合促进先进文化发展方向的要求,符合广大人民群众根本利益保障和实现的要求。这一时期选择者逐渐从落后的生产力与社会强制力中解放出来,实现了职业选择者主体地位的转变。其二,建立以市场调节为基础、政府促进就业为动力的就业机制。江泽民指出,要充分发挥市场在配置人力资源要素中的基础作用,"一定改变过去的那种就业模式,逐步建立和完善适应社会主义市场经济发展要求的新的就业机制"[①]。在邓小平职业选择理论基础上,江泽民提出"建立以劳动者自主就业为主导、以市场调节为基础、以政府促进就业为动力"的就业机制,将择业权利由国家移交给个人,发展完善劳动力市场,健全就业培训与服务体系,降低择业门槛。

江泽民关于职业选择的理论的创新是新的历史时期我国社会发展的必然要求,促进了马克思主义职业选择理论在中国的进一步发展。但同时,江泽民在关于职业选择的理论中,提出职业选择者地位的转变以职业选择者群体为前提,职业选择者作为整体而非独特的、个性的、自由的个体存在,因而是一种建立在普遍意义之上的自主择业。

胡锦涛关于大学生职业选择的论述是在高等教育由精英教育向大众教育转变、大学生就业结构性矛盾不断凸显的社会背景下形成的理论成果。从1999年第三次全国教育工作会议决定高校扩招44%,到2004年底高等教育毛入学率达到19%,同年毕业生总量达到280万人,大学生就业形势逐渐严峻显现了出来。而相较于逐年递增不断刷新的高校毕业生人数,市场经济改革发展使得传统毕业生就业主渠道吸纳力不断下降,毕业生就业市场供需结构不平衡矛盾日益突出。为坚定不移地大力

---

① 江泽民:《解决就业问题是贯彻"三个代表"要求的重大实践》,载《人民日报》2002年9月12日。

开拓毕业生基层就业大渠道，引导毕业生多元化就业，2004年3月3日，国务院印发《2003—2007教育振兴行动计划》，要求重点推进"职业教育与培训创新工程""高等学校教学质量与教学改革工程""促进毕业生就业工程"。2005年7月，胡锦涛作出重要批示，提出"就业是关系民生和社会和谐的大事，也是我们长期面临的突出问题。要坚持不懈地抓下去"。2006年初，中央政治局会议在研究"十一五"时期各项工作时明确提出，要"继续实施积极的就业政策"；2007年胡锦涛再次强调，要搞好大学生就业服务工作，帮助更多的大学毕业生走上工作岗位，2007年8月30日，第十届全国人民代表大会常务委员会第二十九次会议通过了《中华人民共和国就业促进法》，旨在促进就业，促进经济发展与扩大就业相协调，促进社会和谐稳定。2009年4月，胡锦涛在山东省济南、青岛等地考察时表示，党和政府高度重视高校毕业生就业问题，采取了一系列政策措施，他鼓励毕业生积极到农村基层和欠发达地区去工作，同时要求社会各界共同发力，大力开展就业服务，尤其是对困难毕业生要及时提供就业援助，使毕业生尽快实现就业、创业。2010年10月，党的十七届五中全会通过的"十二五"规划建议再次强调要"实施更加积极的就业政策"。胡锦涛时期党和政府高度重视就业工作，制定出台了一系列政策措施，千方百计扩大就业，保持了就业形势基本稳定。通过梳理发现，胡锦涛关于职业选择的理论主要体现在以下三个方面。其一，以科学发展观为指导的就业政策。坚持"以人为本"是科学发展观的核心内容，突出职业选择者个人在职业选择行为上的主动性、创造性和自由权利，明确经济发展与劳动者的自由发展之间劳动者自由发展的第一性，承认职业选择是个人实现自由的重要途径。同时，科学发展观指导的就业政策强调不同产业和不同地区之间资源的充分流动与均衡发展，这就减少了个人在职业选择时由社会分工造成的非自愿约束。其二，深化高等教育改革，减少择业的教育体制障碍。马克思认为，要实现自主自由择业，需要培育"能够通晓整个生产系统的人"，相对应的教育应当是能够实现人自由全面发展的教育。2011年在庆祝清华大学建校100周年大会上，胡锦涛提到："要注重更新教育观念，把促进人的全面发展和适应社会需要作为衡量人才培养水平的根本标准，树立多样化人才观念和人人成才观念，树立终身学习和系统培养观念，造就信念执著、品德优良、知识丰富、本领过硬的高素质人才。"① 胡锦涛认为高等教育改革关乎择业与就业问题，指出教育内容应当适应经济社会对综合素质人才的需求、教育方式应当注重个体兴趣和能力差异、教育目的应当促进社会与个人的全面自由发展。深化教育体制改革旨在提高职业选择者的择业能力，体现了马克思主义职业选择理论在中国的运用和发展。其三，鼓励自主创业。胡锦涛提出以创业促进就业，国家鼓励并扶持职业选择者自主创业，在资金、技术和市场等方面为职业选择者创造条件、提供引导。2003年3月28日，胡锦涛在中共中央政治局第三次集体学习中强调："我们必须把加强人力资源能力建设、增强劳动者就业和创业能力作为一项战略任务来部署、来落实。政府有关部门、群团组织、学校、企业、社区、就业服务部门以及其他有关部门，都要根据自己的特点和条件，积极开展以提高就业和创业能力为目标的教育和培训，努力培养适应改革开放和现代化建设发展要求的人才，努力提高劳动者的就业和创业能力。"② 2011年6月1日，国务院下发了《关于进一步做好普通高等学校毕业生就业工作的通知》，明确要求要落实和完善创业扶持政策，加强创业教育、创业培训和创业服务，支持高校毕业生自主创业。2011年7月1日，在庆祝中国

---

① 胡锦涛：《在庆祝清华大学建校100周年大会上的讲话》，人民出版社2011年版，第7页。
② 胡锦涛：《伟大工程谱新篇——胡锦涛总书记抓党建重要活动纪略》，人民出版社2007年版，第55页。

共产党成立90周年大会上,胡锦涛指出,"全党都要关注青年、关心青年、关爱青年,倾听青年心声,鼓励青年成长,支持青年创业"①。2012年11月21日召开的全国普通高校毕业生就业工作视频会议,教育部要求继续把创新创业教育和大学生自主创业作为2012年的工作重点,并力争实现新的突破。自主创业使职业选择者得以根据自身兴趣、能力和就业理想在固定的社会分工中谋得自由发展,这是马克思主义职业选择理论内涵在当代的丰富与发展,促使职业选择者作为独立的、自由的个体从社会关系中逐渐解放出来。

(三) 新时代中国特色社会主义职业选择理论

职业选择理论的背景是改革开放开创了中国特色社会主义发展的新局面。经过改革开放四十多年的积累,中国人民实现了从站起来到富起来到强起来的飞跃。党的十九大报告指出,"中国特色社会主义进入新时代,我国社会主要矛盾已经转化为人民日益增长的美好生活需要和不平衡不充分发展之间的矛盾"。新时期中国时代特征表现出新的矛盾,为了应对社会矛盾的新表现,当代中国需要守正创新,不断谋求新的发展。十九届五中全会对全面建成小康社会之后,党中央对中国社会经济发展的第十四个五年规划和2035年远景目标做了新的擘画。新时代是中华民族最接近近代以来实现中华民族伟大复兴的中国梦的时代。在全球化合作与竞争的矛盾异常突出的今天,科技竞争、核心技术的竞争成为综合国力的重要内容。在国际国内新的历史条件和背景下,新时代中国特色职业选择理论在价值追求、择业原则、择业者的素质等方面都有了新的体现。

1. 职业选择以实现中国梦为最高价值理想

中国梦是中华民族伟大复兴之梦,是中国人民实现自由全面发展的

---

① 胡锦涛:《胡锦涛文选》第3卷,人民出版社2016年版,第659页。

解放之梦，是马克思主义关于人的全面自由发展理论在当代中国的新应用新要求，也是时代赋予马克思主义职业选择理论最终价值诉求的新内容。

习近平总书记指出，实现中国梦需要依靠广大人民群众，个人的具体的劳动实践汇聚成推动整个社会发展进步的力量源泉，因此，个人的职业选择实质上是个人价值与社会价值的统一、个人抱负与社会理想相互促进的实现途径。马克思主义职业选择理论的价值诉求就体现在有利于个人自由全面发展、有利于中国现代化建设、有利于全面实现小康社会、有利于提升中国综合国力的伟大目标上。

全体中华儿女是实现中国梦的创造者和参与者。在新时代，这个伟大梦想离我们越来越近，并且一定会得到实现。这为大学生的职业选择确立了本质属性，正如习近平总书记所讲"中国梦归根到底是人民的梦，必须紧紧依靠人民来实现，必须不断为人民造福"[①]。2019年4月30日，习近平总书记在纪念五四运动100周年大会上给出了答案："青年的人生目标会有不同，职业选择也有差异，但只有把自己的小我融入祖国的大我、人民的大我之中，与时代同步伐、与人民共命运，才能更好实现人生价值，升华人生境界。"[②] 因此，新时代青年大学生的职业选择应自觉承担起历史使命，将个人的职业选择与中国梦高度统一，将伟大梦想、伟大事业贯穿于自身的职业选择实践中。

习近平总书记强调要以中华民族伟大复兴的中国梦为指引，实现择业观念的转变。择业观念是择业价值观的体现，指导并决定个人的职业选择。处于社会转型时期的中国，职业选择者容易在市场经济和西方社会思潮之中陷入价值迷惘，择业观念也容易出现世俗化、功利化及个人

[①] 习近平：《习近平谈治国理政》，外文出版社2014年版，第40页。
[②] 习近平：《习近平谈治国理政》第3卷，外文出版社2020年版，第334页。

主义的价值取向。这种择业价值取向和中华民族伟大复兴的中国梦的实现要求之间还是有一定差距的。当个人和群体、个人需求和共同体发展出现矛盾冲突时尤其能够反映出来。因此转变择业观念，就是要从小我、自私自利之我中解放出来，把职业选择者的个体性和个人发展融入中国特色社会主义教育事业之中，鼓励个人树立远大的择业目标。

习近平总书记强调，要在全社会形成尊重劳动、分工平等、理性择业的共识，提出择业"脚先着地"的指导思想，树立现代社会需要的择业理念，将个人的理想和期望与社会需求融合。以中华民族伟大复兴的中国梦为指引，成为中国特色社会主义合格的建设者和接班人。

2. 就业是最大的民生

就业和生活密切相连，就业是生活的保障。就业对于推动经济的发展、社会的和谐稳定等都有重要的意义。因此，就业既是一个经济问题，也是一个政治问题。解决好就业等问题，不断提升广大劳动群众的获得感、幸福感、安全感，把稳就业工作摆在更加突出的位置，使广大劳动者共建共享改革发展成果，是中国共产党的人民性在新时代的具体体现。

习近平总书记高度重视就业工作，在调研考察、出席会议等多种场合对就业的重要性反复强调。在新型冠状病毒肺炎肆虐期间，把就业作为最大的民生，这是中国共产党的人民至上理念在职业选择理论中的体现。习近平总书记提出："要实施好就业优先政策，根据就业形势变化调整政策力度，减负、稳岗、扩大就业等工作，强化'六稳'举措。"[①] 中央关注三类重点群体的就业：高校毕业生、农民工和下岗失业人员。可见大学生择业就业问题，是实实在在的国之大者。在"就业就是最大

---

① 习近平：《在统筹推进新冠肺炎疫情防控和经济社会发展工作部署会议上的讲话》，人民出版社2020年版，第19—20页。

的民生"方针指导下,一方面,中央强调高校和属地政府要提供较多较好的就业服务;另一方面,对延迟离校的毕业生实施了多种就业优惠政策。大学生就业创业的形式更加灵活。新职业信息发布、人才流动等都促进了灵活就业,网络的发展也为大学生的就业提供了更多的平台和机会。

根据新时代的重要任务和政策要求,把就业这个最大的民生落到实处是习近平新时代中国特色社会主义思想的重要体现。如习近平总书记指出,"就业是最大的民生。要坚持就业优先战略和积极就业政策,实现更高质量和更充分就业。大规模开展职业技能培训,注重解决结构性就业矛盾,鼓励创业带动就业。提供全方位公共就业服务,促进高校毕业生等青年群体、农民工多渠道就业创业。破除妨碍劳动力、人才社会性流动的体制机制弊端,使人人都有通过辛勤劳动实现自身发展的机会"①。

3. 职业选择要坚持正确的政治方向

习近平总书记在全国教育大会上强调"要培养社会主义建设者和接班人",并明确指出"为谁培养人"。新时代大学生作为中国特色社会主义事业建设者的主力军,要为中国特色社会主义事业而不懈奋斗,这就明确了新时代大学生的职业选择要具有坚定而正确的政治方向,以中国特色社会主义理论体系作为个人职业选择的行动指南,锻造以符合中国特色社会主义道路发展的个人综合素质为大学生的择业要求。

职业选择中的政治性重要表现是体现社会主义核心价值观的引领。当代大学生处在中华民族最好的时代,在时代的洪流中大学生每一次职业选择都离不开个人目标的设定,不能超越社会发展和国家建设的范

---

① 习近平:《习近平谈治国理政》第 3 卷,外文出版社 2020 年版,第 36—37 页。

畴，因此，大学生就业目标的设定必然要以社会发展目标为前提，要和国家建设目标紧密结合在一起。马克思在《青年在选择职业时的考虑》中指出："人的本性是这样的：人只有为同时代人的完美、为他们的幸福而工作，自己才能达到完美。"[①] 新时期在多元文化价值的冲击下，大学生由于初入社会，在进行职业选择时很容易出现偏离现象。作为我国文化体系、思想体系、价值体系核心的社会主义核心价值观，更应发挥积极的引导作用，帮助大学生形成科学、正确的择业观，在进行职业选择时自觉抵制不良社会思潮，将自己放在所处的时代条件下谋划人生、创造历史，把人生理想融入国家和民族的事业中，最终成就一番事业。

职业选择中的政治性还表现在以国家、集体利益为职业选择的重要前提。新时代是全面建成小康社会，进而全面建设社会主义现代化强国的时代，大学生作为"两个一百年"奋斗目标的参与者，个人职业选择必然不能简单地以个人兴趣为转移，更要以国家和集体利益为己任，职业选择更应体现社会需求。

以实现全体人民共同富裕为服务宗旨也是职业选择的政治性、立场性的体现。实现共同富裕是人民对美好生活的向往，是中国共产党全心全意为人民服务的必然要求，也是中国特色社会主义制度优越性的有力表现。新时代为大学生的发展提供了广阔的舞台，大学生在个人职业选择中也应具有远大的抱负，树立为实现全体人民共同富裕的职业选择观。

以人类社会长远发展为价值追求是职业选择的政治指向。新时代大学生是世界和平的维护者、全球发展的贡献者，要同世界各国青年共同

---

① 中共中央马克思恩格斯列宁斯大林著作编译局编译：《马克思恩格斯全集》第1卷，人民出版社1995年版，第513页。

开创人类社会美好未来。这不仅是习近平总书记对青年在国际交流中的要求,也是人类社会长远发展的现实诉求,更是马克思择业观的本质所在。新时代大学生要树立与世界同呼吸共命运的择业观,在职业选择中推动人类命运共同体的构建,促进社会和人的全面发展。

4. 高度重视提高职业选择者素质、能力建设

首先,习近平总书记提出建设高素质的劳动大军。强调劳动者素质对国家、民族发展的重要性。当今世界,综合国力的竞争归根到底是人才的竞争、劳动者素质的竞争。适应新一轮科技革命和产业革命变革的需要,高素质的劳动者是社会发展的必然要求,是世界潮流的必然选择。为成为高素质的人才,就必须树立终身学习的理念。关注产业、行业发展前沿,关注社会、技术的进展,紧跟时代的发展步伐。高素质的劳动大军创新能力的培养十分重要。在实践中要不断增强择业者的创新意识,培养创新思维,在实践中展示锐意创新的勇气、敢为人先的锐气、蓬勃向上的朝气。习近平总书记指出:"素质是立身之基,技能是立业之本。广大劳动群众要勤于学习,学文化、学科学、学技能、学各方面知识,不断提高综合素质,练就过硬本领。要立足岗位学,向师傅学,向同事学,向书本学,向实践学。三百六十行,行行出状元。任何一名劳动者,无论从事的劳动技术含量如何,只要勤于学习、善于实践,在工作上兢兢业业、精益求精,就一定能够造就闪光的人生。"[①]

其次,习近平总书记强调提高职业选择者思想道德素质和科学文化素质。他认为,提高择业者的思想道德素质和科学文化素质是拓展职业选择者成长空间的必要途径,尤其重视思想道德素质。习近平总书记指出:"道德之于个人、之于社会,都具有基础性意义,做人做事第一位

---

① 习近平:《在知识分子、劳动模范、青年代表座谈会上的讲话》,人民出版社2016年版,第8页。

的是崇德修身。"① 道德品格对国家、社会、个人都有十分重要的意义，而且价值是第一位的。因此，他强调在政策方面形成引导机制，激发人们形成善良的道德意愿、道德情感，培育正确的道德判断和道德责任，强调提高道德实践能力尤其是自觉践行能力。

再次，高素质的劳动者是把劳动价值放在至高地位的。习近平总书记强调，高素质的劳动者是以劳动为荣，热爱劳动，用劳动创造幸福。因此在实践中，要"教育引导青少年树立以辛勤劳动为荣、以好逸恶劳为耻的劳动观，培养一代又一代热爱劳动、勤于劳动、善于劳动的高素质劳动者"。新时代"大力弘扬劳模精神、劳动精神、工匠精神，激励更多劳动者特别是青年一代走技能成才、技能报国之路，培养更多高技能人才和大国工匠，为全面建设社会主义现代化国家提供有力人才保障"②。

5.青年应该在实践历练中为职业选择奠定基础

习近平总书记主张青年人应该在实践中历练，增长才干，增长能力，提高素养，成为担负时代重任的时代新人。他赋予了新时代大学生职业选择鲜明的时代内涵。

职业选择要以勇于实践为落脚点。2018年5月2日，在北京大学师生座谈会上，习近平总书记说："'纸上得来终觉浅，绝知此事要躬行。'学到的东西，不能停留在书本上，不能只装在脑袋里，而应该落实到行动上，做到知行合一、以知促行、以行求知，正所谓'知者行之始，行者知之成'。"实践是正确认识产生的必然基础，如果离开实践谈认识，那认识必将成为个人主观臆断，成为空想的抽象概念，经不起历史的检验。习近平总书记强调说："做人做事，最怕的就是只说不做，

---

① 《十八大以来重要文献选编》中，中央文献出版社2016年版，第7页。
② 习近平：《习近平谈治国理政》第3卷，外文出版社2020年版，第24页。

眼高手低。不论学习还是工作，都要面向实际、深入实践，实践出真知；都要严谨务实，一分耕耘一分收获，若干实干。广大青年要努力成为有理想、有学问、有才干的实干家，在新时代干出一番事业。我在长期工作中最深切的体会就是：社会主义是干出来的。"① 实践也是锻造自我、实现理想的必由之路，新时代大学生在进行职业选择时要志存高远，脚踏实地，转变择业观念，坚持从实际出发，勇于到基层一线和艰苦地方去，将职业选择与促进广大人民群众生活和发展联系起来，将职业成果与扩大社会共享面联系起来，把人生的路一步步走稳走实，善于在平凡岗位上创造不平凡的业绩。

新时代中国青年处在中华民族发展的最好时期，既面临着难得的建功立业的人生际遇，也面临着"天将降大任于斯人也"的时代使命。新时代中国青年如何进行职业选择？2019年4月30日，习近平总书记在纪念五四运动100周年大会上讲话时给出了答案："青年的人生目标会有不同，职业选择也有差异，但只有把自己的小我融入祖国的大我、人民的大我之中，与时代同步伐、与人民共命运，才能更好实现人生价值、升华人生境界。"②

在新时代背景下，随着科技的发展，国内外形势也日新月异，我国的经济结构、发展方式都正处于高速转换的关键期，对劳动者的素质和劳动能力的要求逐渐提高，劳动力市场对大学生的综合素质和专业技能的要求日益提高，当代中国作为世界第二大经济体，在人类社会发展中不断发挥着越来越重要的作用，中国与世界的交流更加深入，随着社会分工精细化发展，职业种类日益丰富，中国青年的职业选择呈现多样化

---

① 习近平：《在北京大学师生座谈会上的讲话》，人民出版社2018年版，第13页。

② 习近平：《在纪念五四运动100周年大会上的讲话》，人民出版社2019年版，第6页。

趋势，职业选择的范围不断扩大，职业选择的时代感更加鲜明。

四、西方主要职业选择理论研究的局限性

职业选择理论的发展是和工业革命带来的社会化发展密切联系的。近现代技术革命催发了工业革命，职业理论是随着社会交往的广泛化和个体对职业发展信息的需求矛盾的发展而发展的，同时，在不同的社会文化滋养下，形成了各具特色的职业理论。

（一）功利主义与实用主义择业观

英国著名哲学家杰里米·边沁和约翰·密尔是功利主义的典型代表。他们的主要观点是：以快乐主义为基础的、趋乐避苦的道德观，以行为的后果作为判断行为善恶依据的效果论，以追求最大幸福为原则。

功利主义择业观建立在功利主义哲学基础之上，具有功利主义趋乐避苦、推崇个人利益、效用至上的特征。功利主义集大成者密尔认为，个人职业选择应当在促进个人发展与社会进步两个方面中发挥重要作用，这与马克思主义职业选择理论将个人价值与社会价值相统一的价值诉求不谋而合，但功利主义理论本身具有个人与社会不可调和的矛盾，"它追求'最大多数人的最大幸福'，而这种幸福并没有具体的量化标准，当人们以自身对幸福的感觉作为标准评价大多数人的幸福时，就会使他们在一定程度上加大对自身利益的追求"[①]。功利主义择业观天然不具备能够真正解决个人价值与社会价值矛盾关系问题的经济基础，仍然是一种个人的、狭隘的择业观点。

实用主义哲学超越了脱离现实的形而上学思想，转向现实的人和与人息息相关的世界，认为世界离不开人的活动与创造，而现实的人是具

---

① 姚崇、周欣仪、宋捷：《功利主义社会思潮对当代大学生的消极影响及其原因分析》，载《社科纵横》2014年第9期，第160—165页。

有各种欲望、需求和利益的行动的主体。受到市场经济浪潮的影响，大学生的价值观呈现价值主体自我化、价值取向功利化、价值目标短期化的特点，因而，一些大学生在职业选择时，急功近利，只重眼前利益、不顾长远发展。而这种特色鲜明的实用主义职业选择行为更加关注以人为中心，更加关注务实与探索。

实用主义在否定绝对和必然的同时，将自然界的规律、真理的客观性及其对实践的普遍指导作用也一并否定，抹杀了外部世界的客观性、独立性，更加强调世界的不稳定性与偶然性，强调人的经验和意识，但由于社会生活中的偶然隐藏着必然，这样的择业态度易使人们在职业选择中脱离实际，夸大自身欲望、需要与情感作用。

(二) 西方职业选择理论逐渐向心理学方向发展

现代西方职业选择理论逐渐向心理学方向发展，是一种强调内在需求、注重人格特质、讲求实际效用、关心个人发展的职业选择理论。

霍兰德（Holland）是职业心理学史上的杰出代表。他在人格特质类型与职业类型相匹配适应原则的基础上，提出了职业选择的人职匹配理论或称为人业互择理论。他的理论根据六种不同的职业性向为人们划分了与之对应的六种职业类型，主要是个人能力模式、人格模式与事业要求的匹配程度。强调早期经验所发展的适应模式对个体日后职业选择行为的影响，早期经验决定个体心理需要的发展方向，方向一旦确定，个体就会按照这个方向来选择相应职业。这种理论关注个人家庭环境，特别是父母对子女的影响。唐纳德·E.舒伯（Donald E. Super）的职业发展论认为"人们的职业意识和要求并非在面临就业时才具有，而是从童年开始就孕育了萌芽，是一个不断发展变化的过程，随着年龄、教育等因素的变化,人们的职业选择心理也会发生相应的变化"①,由此,他将职业选择与生命历程对应起来,分为"成长期、探索期、建立期、维持期和衰退期"②。

与马克思主义职业选择理论不同,这些理论的目的在于给职业选择者个人短期内以清晰明确的择业指导,不具有社会历史性,也没有为每个个体提出共同的、长远的价值主张,其理论视域集中在个人、家庭、社会组织等邻近社会关系层面,因而是微观的、具体的。过于强调个体的特殊性使其带有宿命论色彩与择业封闭性。例如,职业性向理论以形而上的方法论,依据兴趣和人格将职业选择者机械地放入六个不同类型的人格框条中,以上帝般的口吻告诉职业选择者应该从事什么、不能从事什么,警告人们违背这一原则将会使人格与职业分裂。换言之,根据霍兰德职业性向量表测量出个体的人格类型之后,认为有领导才能的应当成为权力主宰,有创造力的应当成为艺术家,思维谨慎、缺乏社交能力的人则只应当选择秘书、办公室文员或工人木匠,从事"重复、单调、枯燥"的工作。霍兰德没有看到,人格本身具有共生性、抽象性和变异性,难以为某一个体确定其唯一且恒定不变的人格。这种宿命论色彩下的职业选择理论易使人固化在某个特定的职位,使得职业之间的变换失去流动性而变得封闭、分离,久而久之形成不同职业之间的壁垒,职业选择者因变换职业的成本增加而只能被动接受。与之不同,马克思主义职业选择理论捍卫人的自由与主动性,并将劳动视为实现自由的方式,强调以职业的特性去匹配人自身,而非以职业限定人。因此,职业选择者可以根据不断变化的自身条件自由地选择职业,马克思的价值主

---

① 王涛:《大学生职业生涯规划与发展》,西北大学出版社2006年版,第35页。
② 王涛:《大学生职业生涯规划与发展》,西北大学出版社2006年版,第35页。

张是实现全人类的全面自由发展，最终消灭旧式分工，即消除社会自发分工，普及全面的生产教育让人们得以自由变换工种。

从功利主义、实用主义择业观到现代具体研究不同影响因素对择业行为作用的职业选择理论，任何一种西方职业选择理论都无法摆脱其自身历史观的视界，因而其理论不可能指导人们科学地择业，实现职业选择与劳动实践的真正自由。

整体而言，西方的职业选择理论在方法上突出对个体的关注，或是对个体实际利益的关注，或是对个体素质、个性、人格类型等的关注，都无不透露出以个体为立足点的方法特征。西方的职业选择理论在对共同体发展、对社会发展规律的把握上、对个人和社会关系的长远发展等方面无疑是存在一定缺憾的，而在这些方面，马克思主义的职业选择理论是对西方职业选择理论的超越。

五、马克思主义职业选择理论对实现大学生高质量就业的意义

马克思主义的职业选择理论是科学的。研究马克思主义职业选择理论对解决大学毕业生充分就业的问题具有理论指导意义。

（一）理论意义

结合我国实际情况，开展大学生职业选择问题基本理论的研究，认真分析和研究马克思主义职业选择理论，并以此为依据，提出切实可行的对策和措施，探索实现大学毕业生充分就业具有重要理论意义，主要体现在：

第一，研究马克思主义的职业选择理论，有助于马克思主义职业选择理论的中国化发展。我国大学生职业选择理论近些年才开始研究，且大多数是借鉴西方的职业选择理论，具有中国特色的本土化的理论研究发展严重滞后于实践的发展。目前，我国高校大学生职业选择理论研究虽然引起了国家教育部门、高校教育工作者和理论研究者的高度重视，

但普遍存在系统性和深度不够的问题。本研究从人的一般选择本性出发，以马克思主义人的全面发展理论和职业选择的基本思想为指导，对大学生职业选择的主体条件、客体依据和中介环节等问题进行了初步的探讨，试图构建马克思主义职业选择理论的基本框架，形成理论的基本雏形，进而推动马克思主义职业选择理论的研究朝着中国化发展进一步深化。

第二，研究马克思主义的职业选择理论，有助于构建完整的高校思想政治教育理论体系。马克思主义职业选择理论不仅是马克思主义思想政治教育理论的重要组成部分，而且更应该是马克思主义中国化的重要组成部分。职业选择理论中关于择业主体条件的要求，本身是对大学生的一种激励和引导；关于职业选择应持什么样的价值观的论述，本身就是对大学的现实性的价值教育；理性地进行职业选择和理性地对待选择结果分析，增强大学生就业问题中的理性本身就是对大学生的一种提醒和警示；等等。因此，在研究马克思主义职业选择理论本身的基础之上，并将其纳入思想政治教育理论体系之中研究，对构建完整的高校思想政治教育体系具有重要意义。

第三，研究马克思主义的职业选择理论，有助于为我国高校毕业生就业服务管理体制和相关政策的完善提供理论指导。随着我国经济政治文化体制改革的不断深入，具有中国特色的就业服务管理体制改革亦进入深水区。如何搞好这一领域的顶层设计，如何发挥政府、社会、学校、家庭在这一领域的协同效应，如何增强学生的主体选择性，如何进一步完善公平、竞争、有序的人力资源配置市场体系，等一系列问题的解决，都需要有一定的科学的理论作为指导。显而易见，有中国特色的马克思主义职业选择理论可以为解决此类问题提供有效的理论支撑。

第四，研究马克思主义的职业选择理论，有助于深入研究马克思主义关于人全面而自由发展的理论。习近平总书记在党的十九大报告中指出,"青年一代有理想、有本领、有担当,国家就有前途,民族就有希望"①,明确提出要"培养担当民族复兴大任的时代新人"②。马克思认为,"人的全面发展"是通过"生产劳动同智育和体育相结合"③,从而"才能得到全面发展、能够通晓整个生产系统的人"④。坚持马克思主义职业选择理论,使其在新时期持续指导大学生职业选择并不断优化更新,使大学生在物质创造与精神修养的辩证统一中追求全面发展;使大学生在社会关系与个人志趣的辩证统一中寻求自由发展;使大学生自身成为推动人的全面自由发展的强有力个体,从而释放创新能力,尽其职、展其才、得其所,以实事求是的态度正确处理个人成长与社会发展之间的关系,真正在中华民族伟大复兴的进程中推动个体性与人民性具体的、历史的统一。

第五,研究马克思主义的职业选择理论,有助于深入研究马克思主义关于人的个性发展的理论。马克思主义理论的最高价值追求是人的全面自由发展,其中包括人的个性发展。人的个性发展,是和个人所从事的职业发展无法剥离的,职业发展是个性发展的基本载体。因此,从我国实际出发,将人的职业选择行为与个性发展问题联系起来,系统探讨马克思主义职业选择理论与我国高校毕业生充分就业的关系,构建具有中国特色的马克思主义职业选择理论体系,不仅能够实现职业选择理论与个性发展理论的有效衔接,而且也有助于克服教条化、空洞化、碎片化的不切合实际、不接地气研究马克思个性发展理论的缺点,从而丰富和深化马克思主义个性发展理论。

---

① 习近平:《习近平谈治国理政》第 3 卷,外文出版社 2020 年版,第 54 页。
② 习近平:《习近平谈治国理政》第 3 卷,外文出版社 2020 年版,第 42 页。
③ 中共中央马克思恩格斯列宁斯大林著作编译局编译:《马克思恩格斯全集》第 23 卷,人民出版社 1972 年版,第 530 页。
④ 马克思:《政治经济学批判大纲》,刘潇然译,人民出版社 1977 年版,第 689 页。

第六,坚持马克思主义职业选择理论,是优化大学生职业选择的必然之路。职业生活是人生的重要组成部分,以科学的职业选择观指导大学生慎重、严肃、科学地进行职业选择不仅仅关乎个人人生幸福的实现,更关乎其自身能否持续发展。当代大学生进行职业选择时,多陷入唯利益论的择业误区,不考虑自身全面发展的需要,以当下薪资待遇作为择业的首要标准,长此以往,必然导致大学生择业观片面化发展。因此,坚持马克思主义职业选择理论,优化大学生职业选择观念,让大学生在进行职业选择时坚定信念,树立高远的理想,着眼长远,找到物质利益和促进自身自由全面发展的平衡点,实现个人志趣和社会关系的辩证统一。

(二)现实意义

大学生就业问题影响层面甚广,包括实现个体的人生价值、回报家庭教育投资、践行高等教育的可持续发展以及维持社会的和谐稳定发展。大学毕业生的就业问题不仅仅关乎个体,也影响着整个社会。因此,开展大学生职业选择问题基本理论的研究,并以此为依据,提出切实可行的对策和措施,对实现大学生充分就业高质量就业有重要的现实意义。

第一,马克思主义职业选择理论有助于全面提升大学生的择业能力和职业素养,实现充分高质量就业。开展大学生马克思主义职业选择理论教育和指导,一方面可以引导大学生加强自我认识,了解社会,树立切合实际的职业理想或创业志向,合理规划未来职业生涯与发展,正确认识自身所肩负的历史使命和责任,增强自身的核心竞争力和职业发展能力,为职业生涯的全面发展奠定良好的基础。另一方面,马克思主义职业选择理论教育,能使大学生明确认识自身知识的丰富、能力的提高和素质的完善对于就业的重要意义。懂得只有努力学习科学文化知识,刻苦锻炼身体,提高自己各方面的能力,才能成为对自身、家庭有更高价值的人才，成为社会所需的人才，成为社会主义事业的建设者和可靠接班人。

第二，研究马克思主义的职业选择理论有助于充分发挥高等学校立德树人的职能，实现高质量就业。培养适应我国社会主义现代化事业的高素质人才是高校的根本任务，教育引导学生树立正确的世界观、人生观和价值观是学校教育的永恒主题。现在我国正处在社会转型期，受市场经济负面因素的影响，高校部分毕业生存在心理素质差、集体主义精神缺乏、社会责任感缺失、价值取向多元化和择业观念模糊等问题。以马克思主义职业选择理论为指导，用其中所包含的积极向上的人生态度、先公后私的价值观念和坚韧不拔的奋斗精神等教育学生，对于他们树立正确的世界观、价值观和人生观很有益处。另外，大学生就业存在的问题与学校专业设置、教育内容、教学方法和培养模式等的不足也有关系。

第三，研究马克思主义的职业选择理论有助于社会和谐发展，实现充分高质量就业。马克思主义职业选择理论教育注重人的需求和利益，可以促进个人、集体和社会三者的和谐发展，有助于促进社会经济的发展和秩序的稳定，化解当前高校毕业生就业创业困境，实现个人职业发展融入社会发展。因此，以马克思主义职业选择理论为指导，可以在市场经济基本规律作用的前提下进行社会人力资源的合理配置，实现高校毕业生充分就业，有力促进社会主义和谐社会的建设。

第四，坚持马克思主义职业选择理论，有助于促进个人志趣和社会关系的统一，落实培养时代新人的要求。党的十九大报告提出要"培养担当民族复兴大任的时代新人"[1]，这是新时代对人才的最新表达，更是基于新的社会发展所提出的最新育人目标，为我们在新时代设计人才

---

[1] 习近平：《习近平谈治国理政》第3卷，外文出版社2020年版，第12页。

培养方案指明了方向。习近平总书记曾指出,"广大青年既是追梦者,也是圆梦人。追梦需要激情和理想,圆梦需要奋斗和奉献。广大青年应该在奋斗中释放青春激情、追逐青春理想,以青春之我、奋斗之我,为民族复兴铺路架桥,为祖国建设添砖加瓦"①。

恩格斯认为"人的本质不是单个人所固有的抽象物,在其现实性上,它是一切社会关系的总和"②。坚持马克思主义职业选择理论,帮助大学生在进行职业选择时,主动将自身置于所处的历史方位下,使其明晰新的矛盾变化,以家国情怀、国际视野、时代担当为出发点和落脚点,进行正确的职业选择,在中华民族伟大复兴的征程中和社会主义现代化建设的道路上有所作为,最终实现自身全面发展。

基于新的历史方位,坚持以马克思主义职业选择理论指导大学生职业选择,让大学生自觉将个人梦想与中国梦紧密结合,做自己梦想的追梦人,更要做中国梦的追梦人,使个人发展与中国梦实现辩证统一于建设中国特色社会主义的伟大实践中,肩负起时代赋予的神圣使命。

---

① 习近平:《在北京大学师生座谈会上的讲话》,载《人民日报》2018 年 5 月 3 日,第 2 版。
② 恩格斯:《路德维希·费尔巴哈和德国古典哲学的终结》,人民出版社 1997 年版,第 58 页。

第二章 职业选择的主体

职业选择是人的选择。"主体是人,客体是自然。"① 具体的人选择什么,如何选择,主要由选择的主体(选择者)的个性特点决定,诸如需求喜好、认知条件、能力水平和价值观念等等。因此,明确选择者的个性化的特质,是考量选择的前提,更是选择主体进行职业选择的前提。

一、需求与喜好

(一)需要是人的本性

人作为一个生物的、社会的、精神的存在物,必须通过与外界进行物质、能量、信息的交换才能存在。人非土石,孰能无欲。人们的需要就是他们的本性。冯友兰先生说:"人生之目的是'生','生'之要素是活动。活动之源动力是欲。人皆有欲,皆求满足其欲。种种活动,皆由此起。"② 人从本性上来说,既不善也不恶,有的只是趋利避害,是对好的、有益东西的向往,对坏的、痛苦东西的畏惧。对给自己和社会带来幸福的事物,人们会认为是善的、可嘉的。反之,则是恶的、可

---

① 中共中央马克思恩格斯列宁斯大林著作编译局编译:《马克思恩格斯全集》第1卷,人民出版社1995年版,第3页。
② 冯友兰:《冯友兰谈人生》,长江文艺出版社2009年版,第44页。

憎恨的。

人是一个复杂的、立体的、全面的、多维的有机体，因而它的需求是多样的，有饮食男女的自然需要，相互交往的社会需要，亲情沟通、认知世界的精神需要，等等。"人对世界的任何一种人的关系——视觉、听觉、嗅觉、味觉、触觉、思维、直观、情感、愿望、活动、爱，——总之，他的个体的一切器官，正像在形式上直接是社会的器官的那些器官一样，是通过自己的对象性关系，即通过自己同对象的关系而对对象的占有，对人的现实的占有。"①

人的需求的多样性以及人与世界关系的多样性，使人的具体价值体验有了可选择性。选择表现了人对各种需求满足先后过程的顺序性。马克思说："忧心忡忡的穷人甚至对最美丽的景色都没有什么感觉，贩卖矿石的商人只看到矿物的商业价值，而看不到矿物的美和特性，他没有矿物学的感觉。"② 这里所说的个人价值体验中，一共包含了几种不同的成分：肉体感觉、经济利益、心理状态、科学知识等，它们相互冲突和排斥，相互否定和掩盖。结果，在穷人那里心理状态压抑了感觉器官，在商人那里则是经济利益排斥了科学知识和美感。这个例子说明，人在社会生活中，往往是在多样需求的满足中选择最迫切最直接的部分，这种选择背后还潜藏无限多的价值可能性。

同时，人的需求是有层次的。马斯洛按照需要层次将人的需求分成基本生理生存需求、安全需求、归属与爱需求、被尊重需求和自我价值实现的需求五大类。这五大类需求由低到高形成一个序列，一般说来，人类首先满足低层次的基本需要，而后才能顾及高一层次的需要。从整

---

① 中共中央马克思恩格斯列宁斯大林著作编译局编译：《马克思恩格斯全集》第3卷，人民出版社2002年版，第303页。
② 马克思、恩格斯：《马克思恩格斯文集》第1卷，人民出版社2009年版，第192页。

个人类社会的发展来看,人们最早主要追求的是物质价值,而后再进一步追求精神满足,因为"人们首先必须吃、喝、住、穿,然后才能从事政治、科学、艺术、宗教等等"。人在需求上的多层次性,同样包括人的价值生活的可选择性。

(二)喜好和兴趣是人择业的起点

人的一般本性、选择性,体现在职业选择上,就表现为个人的喜好和兴趣。马克思在《青年在选择职业时的考虑》一文中阐述了择业需要考虑的三个基本要素:个人喜好、体质条件、能力水平,这三个基本要素从个人角度出发,是职业选择者对自身的主观倾向与客观可能性的认知和审视。就个人喜好而言,个人喜好是人的主观感受,源于个体精神层次的需要,相较于一般职业会使人身心愉悦而产生更大的效用价值,这种职业真正使我们受到鼓舞。这种喜好是人本质的一种体现,是个体从事劳动的源泉、动力和目的。在恩格斯所著的《社会大陆改革运动的进展》一文中评价法国空想社会主义思想家傅立叶时指出:傅立叶是人类历史上第一个确立了社会哲学伟大原理的学者。这一原理就是:因为每个人天生就爱好或喜欢某种劳动,所以这些个人爱好的全部总和就必然会形成一种能满足整个社会需要的力量。也就是说,单纯的兴趣作为从业的第一要义在一定历史条件下足以满足社会发展所需。他同时指出,"在合理制度下,当每个人都能根据自己的兴趣工作的时候,劳动就能恢复它本来的面目,成为一种享受"[1]。因而,人的主观喜好与需求的实现也是自由劳动的必要前提。

当然,个人喜好又应当受到理性的约束以确保我们所受的"鼓舞"并非是因外力影响而产生的"迷误"或"自欺"。由于个人所声称的兴

---

[1] 韩庆祥、亢安毅:《马克思开辟的道路——人的全面发展研究》,人民出版社2005年版,第339页。

趣往往受制于个体对工作的认知层面、对有形或无形社会压力的感知以及对主体情绪的掌控，其结果可能并非自己的真实兴趣所在，所以，马克思认为个人"真实的兴趣"应当是"我们通过冷静的研究，认清所选择的职业的全部分量，了解它的困难以后，我们仍然对它充满热情，我们仍然爱它"，这种"真实的兴趣"同时具备了感性与理性、自然属性与社会属性的张力①。

二、感性与理性

（一）感性认识与择业

如同对其他事物的认识一样，人们进行职业选择也有对其感性和理性的认识，这是职业选择主体能动性的表现，也是职业选择的必要条件。

感觉是人形成对某物认知及选择的起点。人的感觉不仅是人获得认识的通道，而且也是形成选择的最基本的原因。人的感觉往往是需要的反映，饥饿、口渴、疼痛是对食物、水分、身体协调的需要。盲人对颜色没有感觉，不明白黑，因而也就没有对色彩的选择。

人对社会生活的感知往往形成倾向性、价值性的选择。例如，对人自身所具有的恻隐之心、羞恶之心、谦让之心等人性的感知，自发地倾向于善行、良心；对父母之情、亲戚之情、兄弟之情的感悟，形成仁爱、亲情的情感。还有，对社会生活中人们地位、荣誉等差异的感知，会自觉不自觉地产生"人往高处走"的行为，从而促使人们追求较高的地位，争取更大的荣誉，为此，又去提升自己的品质，努力作出更多贡献等等，这些都是人们职业选择的潜意识或前意识。

---

① 王进：《让社会围绕劳动这个太阳旋转——马克思主义社会哲学学习笔记》，载《重庆邮电大学学报（社会科学版）》2007年第4期，第9—13页。

（二）理性认识与择业

理性思维是对事物本质、规律的把握，是更为深刻的选择。理性认识在很大程度上是一种判断力，是将认识对象通过主体内化为自身观念，然后对观念的各种可能性进行比较、取舍，最后采取肯定或否定的态度。从内容上讲，这种判断是关于职业对自身价值认识，是一种对真善美与假恶丑的识别、评判。人的这种真善美的判断是随着主体的发展不断完善和提高的，对主体的职业选择有十分重要的意义。

马克思主义认为，人的生命活动与动物的生存活动之间的区别在于，人的活动是在理性指导之下的生命活动，人通过理性反思自己的整个生活过程，理性意识包含在人的生命活动中。马克思主义理性观摆脱了理论化、抽象化、忽视人的西方传统理性主义，认为理性是人的理性，理性存在于人的实践活动之中，其本质是人的自我反思和觉醒，其目的是通过人的自我解放将人的生存价值从被遮蔽状态中呈现出来，实现人的全面自由发展。

马克思主义职业选择理论以尊重理性、理性至上为逻辑链条，将其视为职业选择行为的基础而贯穿始终。违背理性的选择将会使那些不经考虑、凭一时冲动就仓促从事某种职业的人毁灭。这种非理性的"冲动"来源于被遮蔽的生存状态。这种状态可能瞬间萌发，也可能悄然逝去。这种"遮蔽状态"，可能源于由职业声望、职业地位而产生的虚荣心，源于由职业报酬带来的金钱利益和政治权威，源于由主观幻想而产生的感性冲动。正是这种遮蔽状态形成了统治和压抑人的异化力量，使人们只能获得虚假的有限的自由，因而需要人的理性去"去蔽"，对人的选择进行批判否定，以理性至上指导个体职业选择的全过程。

人对职业选择的理性认识，还包括对自身的正确评价。一旦我们过分高估自己的能力，自以为是地去承担一项工作，那么我们会自食恶果。反之，如果我们低估自己的能力，妄自菲薄，会逐渐让自己变得不自信。因此，正确评价自己，对职业选择意义重大。

（三）社会认知与择业

人的认识从形式上讲包括感性与理性在内的全部认知，从内容上看体现在择业上，就是对社会、自身与社会关系的认知。人处于社会之中，社会关系是实践活动的展开。一方面，社会关系实际上决定着一个人能够发展到什么程度，因而直接决定了个体能否在职业选择中实现其全面自由发展。在职业活动中个体的全面自由发展是一个随着社会关系不断丰富而发展的历史进程，由贫乏的、原始的、割裂的、封闭的社会关系走向丰富、开放和全面，广泛参与到生产与劳动的各领域、各层次、各方面。另一方面，人们的职业选择活动同时也受到其身处的社会关系的制约。马克思指出，现实的社会关系总和构成了人本身，我们在社会上关系的确立，远早于我们对这种关系产生的决定性影响。在人的多种社会关系中，职业关系是其核心内容，个人无法自由选择由社会分工的历史发展所决定的社会关系的内容和性质，但可以在职业选择中寻找个体与社会关系的平衡。首先，职业选择者需要对社会现存的资源和环境形成正确、客观的评估，将社会支持与社会约束、社会结构与社会期望、社会角色与社会规范、社会道德与社会契约都纳入社会认知的范畴。其次，职业选择者也需要肯定个人与社会的矛盾关系，承认社会对个体从业类型的特殊需求，顺应社会历史发展的趋势，按照社会所需要的方向设定前景，以人民大众的利益来确定自己的价值取向，也就是以历史的、辩证的眼光看待职业选择的行为。

三、能力与体质

（一）能力是择业之本

人对职业的认识能力是指人的择业能力，是说人要有感性认识和理性认识，才能作出合乎实际、对自己和社会都有价值的选择，这里所说的能力，是指个人从业所需要的能力。

人的能力水平是由先天条件与后天教育经历共同决定的。广义而言，能力包括一个人的体力与脑力、先天自然的生理性能力与后天社会的教育所得能力、独立自主能力与集体合作能力、潜在能力与现实能力等，体现在选择、获得并维持某一工作的全过程中。

按照马克思恩格斯确立的人发展的价值取向，人的发展的理想状态是自由全面发展。首先是"在本质上自己的一切能力"，即人在创造性的活动中，充分发挥并提升自己的能力。其次是个性的发展，即人的自由个性得到确立，并完全展示和发展起来。再次是社会关系的发展，即人的各种现实关系和社会关系的全面发展以及社会关系的合理性。按照这一设想，就人的发展的可能性或趋势而言，在未来社会，人的活动不被限定于特定的领域，而是有可能在其他感兴趣的、有利于其身心的任何领域发展和展示自己。

这一目标的实现，显然是一个动态的、历史的过程。就现实性讲，几乎在任何时代、任何条件下，对任何人来说，不可能在一切领域中都得到发展。特别是在当前社会分工复杂、产业门类繁多的情况下，人所具有的从业能力是十分有限的，这就需要人们必须具备特定领域内的从业能力，才能从事一定的工作，承担一定的社会责任。

在现实生活中，社会关系、地位和使命是一个人事业和职业素养的体现。因此，在个体的事业和职业发展过程中，特别要求个体在能力上要能够承担起特定的社会关系所赋予的责任和使命，或者说要求个体要有承担一定权利和义务的资格。清代文学家叶燮曾说过："大凡人无才，则心思不出；无胆，则笔墨畏缩；无识，则不能取舍；无力，则不能自成一家。"一个人若难以胜任职责，就无法成就事业，特别是在当前能力本位、竞争激烈的社会背景下，只有能力高强，才能得到理想的工作岗位，才能自立、自强，敢为天下先。

另外，从社会学的角度来看，人的职业体现着一定的社会角色。人的社会角色有明显的差别，一个商人的角色和一个大学教授的角色，一个战士的角色和一个将军的角色自然是不同的。社会角色要求教授要像教授，将军要像将军，这些都要求人们要有相应的能力。

(二) 相应体质是从业的必要条件

体质是人的身体生理和心理、物质和精神条件的统一体，是在先天遗传和后天获得基础上形成的。职业和体质的关系是一种双向作用关系。地理环境、生存环境、人的饮食结构、风俗习惯等都会影响人的体质。在这些影响因素中，职业影响人的体质是其中之一，职业选择也需要相应的体质条件。社会型强的职业、探索性职业、传统型职业、艺术型职业等不同的职业类型对体质的要求是不同的。探索型的职业类型，如科学领域的，特别是生物、气象、天文等自然科学，需要包含创造性人格类型的体质。另外一些职业还和特定的生理体质相关。

马克思针对他所生活的时代，对体质和职业的关系做过明确的论述。19世纪的欧洲，工业革命使得大批农民、牧民涌入城市成为工厂生产线上的手工业者。伴随着职业转变而来的是高强度、长时间、机械式的体力劳作，混乱肮脏、幽暗压抑的工作环境，和从压榨劳动者剩余价值中牟利的资本家的剥削，所有这些都要求劳动者具备足够的身体素质与心理素质。马克思意识到个人身体条件对于择业的重要性。他认为，体质对个体发展影响较大，如果某个人选择了与自己体质不相适应的工作，这份工作将不会持续太久，而获得的工作乐趣也会少。一个人若在选择职业时不考虑或高估自己的体质，他将不能很快适应工作，在这种情况下开始工作，犹如大厦地基不稳而强行建设一样，注定是一场悲剧。

四、观念与态度

主体在职业选择时,人们的世界观、人生观和价值观有着决定性作用。特别是人的价值观,即什么是好的值得追求的,什么是不好的应当摒弃的,决定着人们选择什么、不选择什么,决定着人们辞受取舍、抑扬褒贬的态度。马克思主义关于职业选择的价值观主要倡导以下几个方面。

(一) 社会价值与自我价值的统一

马克思主义认为,个人与社会是密不可分的,个人处于社会之中,社会是由个人组成的。人的自我价值,即人对自己的价值,对自己需求的满足;社会价值,即对社会的奉献,对社会需要的满足。人的自我价值与社会价值从总体上看是统一的。因而,职业选择应坚持社会价值与自我价值的统一。所以,马克思主义者在进行职业选择时,所追求的应该是全人类的幸福和我们自身的完美。

首先,是追求人类的幸福。马克思认为每个人都会有自己认为伟大的一个目标,因此,在选择职业时,不可因一时意气,更不可贪图一时名利,应该以这个伟大的目标为依据,要有服务全人类和为大众谋幸福的志向。社会发展的目标和需要重点强调的是人类的幸福,因而,优先考虑社会需要是每个人在选择职业时务必注意的问题,我们应将选择职业的出发点和归宿设定为为人类谋幸福,要将实现自身价值和服务社会需要相统一。马克思认为,若一个人设定了相对高尚的择业目标,那么他不论选择哪一个行业,都不会唯利是图,他们的贡献远远大于个人所得,也不因付出而自满,而是不断地发展事业,生生不息地奋斗着。当我们选择为人类的幸福而工作时,遇到的困难再大再多也不能阻挡我们前行,因为这是为人民大众谋求福利,那时我们所感到的乐趣将是无限的,而这种乐趣将造福于千百万人,最终我们也将因此而被人们所怀念。

其次，是实现自身的完美。马克思的一贯做法是辩证统一地看待为人类谋幸福与自我完善，他强调这两种利益是不敌对的，也不是相互冲突的，不存在互相否定的关系。马克思告诫年轻人，在选择职业时，要想成就完美的、伟大的人生目标，必须结合所处的历史时代，并根据这一时代人们普遍关心的共同目标来确定自己的职业。马克思认为当一个人仅仅为自己的个人目标而奋斗时，或许他有朝一日真的会成为著名的诗人、学者、大哲人，但他永远无法成为一个完美无瑕的伟大历史人物。青年大学生要升华职业理想，就应该顺应历史的发展。以为大众谋福利为价值取向，那么，他的择业就存在积极的肯定的意义；反之，在择业时仅仅考虑一己之私利，背离历史趋势，不考虑社会需要，脱离现实，脱离人民大众，那么他的选择将是狭隘的、利己的、消极的。如果我们拥有自由选择职业的机会，那么我们就可以选择最有益于人类社会进步和发展的职业，选择一种能给我们提供更大生存空间、创造更大社会价值、让我们更好地服务于整个人类活动的职业。

在当今社会，社会价值与个人价值的高度统一，就是将个人利益与国家和民族利益相结合的价值观。当代大学生具有深厚的爱国情怀、忠诚于党和人民、服务于国家的强烈使命感，尤其是在我国建设有中国特色的社会主义国家的关键历史进程中，他们更愿意将自己的精力和热情投入到国家建设和为人民服务中去，为经济社会发展贡献个人的聪明才智，从而更好地实现个人的人生价值和追求。他们对遇到的问题会更加理性和冷静地思考，会更加积极主动地从有中国特色的社会主义具体国情出发去思考问题、做好工作，也会更加深入地体会到国家发展强大、人民生活幸福与个人的成长进步，与个人价值和理想的实现息息相关。因此，目前我国大多数大学生在职业选择时不仅注重发挥自身的主观能动性，而且也能够考虑到国家和社会发展对人才的需求。不可否认的是，社会主义市场经济在为大学生创造施展才华、发挥机遇的同时，也给他们的自我发展带来了严峻的挑战。经过实践洗礼，他们感到自己所学的知识已经难以满足社会发展的需求，难以满足他们自身发展进步的需要，也难以满足他们走向更好工作岗位的需要，更难以满足他们在职场上实现人生理想的需要。他们明白在社会这个大学里还有很多方面的知识需要学习和掌握，不能故步自封，要开阔视野，要不断增加才干、完善自我，只有这样才能立足社会、成就事业、服务人民、实现理想。

(二) 价值理性与工具理性的统一

价值理性和工具理性的概念是由马克斯·韦伯提出来的，二者是人的理性的不可分割的重要方面。价值理性是人性的世界、人文的世界、意义的世界。价值理性是一种以主体为中心的理性，坚持"人是万物的尺度"的原则。它虽然承认功利的目的，但并不以功利为最高目的，而是肯定功利，又超越功利。它不否认人作为手段的意义，但强调"人本质上是目的而不是手段"。

在人的就业选择理论上，存在"以人为本"还是"以物为本"的矛盾。也就是择业时考虑人的兴趣、爱好、才能提升、全面发展等，还是考虑收入高低、金钱多少等。当然，这两方面也不是绝对对立、一成不变的，在一定的条件下，要根据个人的实现需要选择。

人们职业选择的理想状态是争取达到二者的统一，当然从根本上讲要以人本身为目的，特别着眼于人自身的全面自由发展。马克思恩格斯在《德意志意识形态》《1844年经济学哲学手稿》《资本论》《1857—1858年经济学手稿》等经典著作中，阐释了劳动与就业的相关概念，从人类社会的本真含义出发，论证了劳动的目的性、意识性和基础性，运用"分工理论""劳动异化论"和"剩余价值理论"分析了资本主义形态下劳动分工和就业的弊端，并以马克思辩证唯物主义为基准点，对共产主义社会形态下最普遍的就业机制作出预测，着重强调了从社会劳动实践本身出发推进人自由和全面发展的观点。其中，马克思主义对于就业价值追求的观点十分鲜明，就是建构"个体价值与社会价值、工具理性与价值理性相统一"的形式，积极探索追求自由与个性的全面发展，即完全实现人全面而自由的发展，推动社会发展文明进步。从就业的角度来分析，就业实践是人类生存和发展的基础条件，人类对于职业的选择与参与，经过一系列就业实践活动全面融于社会化劳动之中，这样既创造了人类生存发展的基础条件，同时确保了自身享有充裕的物质生产资料基础，又推进了人类体力和智力的综合协调发展。就个体的社会化与个性化发展来说，人类需要将自身能否得到全面而自由的发展作为判断理想就业的重要价值准则。对当今中国来说，在就业实践中，在关注工作特性、待遇目标的基础上，更要关注自我个性与岗位安排的契合度，找准自身个性与社会发展的结合点，挖掘自身技能与社会需求的共鸣之处，用实践的理念、发展的方法指导就业，使就业工作能够按照党和人民的要求、按照实现中华民族伟大复兴的中国梦的要求、按照增进人民福祉的要求持续健康进行。

（三）个人自由与社会历史规律的统一

个人自由与社会历史规律的统一，是说个人的职业选择要顺应社会历史发展的潮流，符合社会历史的发展规律。马克思曾指出，人作为人类历史的经常的前提，也是人类历史的经常的产物和结果，而人只有作为自己本身的产物和结果才成为前提。马克思在这里所阐述的辩证法概念是针对人的特殊生活活动的，这个辩证法不仅回答了人自己创造自己的历史和历史发展的客观规律之间的辩证关系，而且也回答了人在职业选择时的自由追求与人受到社会历史必然制约之间的辩证关系[①]。

---

① 孙正聿：《人的全面发展与当代中国人的解放的旨趣、历程和尺度——关于马克思人的全面发展学说的思考》，载《学术月刊》2002年第1期，第5—8页。

马克思主义认为,人类历史的发展进程是有其客观规律的,是一个类似自然的历史过程。在这一进程中人的自由就在于对历史必然性的认识。在历史长河中,对人类个体而言,它的"人的身份"的获得是因为父母及父母的社会关系、生存环境所确定的,而不是通过其自身的实践结果确证的。因此,对个体的人来说,是受到继承下来的前辈人的实践结果限定的,这种限定是必然的,这种必然性也是历史的必然性。

马克思主义又认为,历史作为人自身生成的过程,其所遵循的规律只能是内在于人的活动中。因此,人在历史过程中一方面受历史必然性的限定,另一方面又能够超越这种限定而获得自由。历史必然性既是对人之存在的限定,同时也为人超越这种限定提供了可能。正如马克思恩格斯所说,历史的每一阶段都遇到一定的物质结果、一定的生产力总和,都遇到前一代传给后一代的大量生产力、资金和环境,尽管一方面这些生产力、资金和环境为新的一代所改变,但另一方面它们也预先规定新的一代本身的生活条件,使它得到一定的发展和具有特殊的性质。这种观点表明:人创造环境,环境也创造人。

以上两方面表明,在一定意义上社会发展是历史决定论与历史选择论的统一。从决定论的意义上讲,我们要认识社会历史趋势和历史使命,自觉主动遵循历史必然性行事。例如,人处于民主革命时期,那就是要投身反帝反封建的革命中;而如果是社会主义时期,则是学习建设的本领,选择建设的岗位。从选择论的意义讲,人要超越历史必然性的限制,利用历史的可能性空间,利用历史过程本身的丰富多彩性,主动作出符合个人和社会需要的职业选择。

(四)理想目标与现实条件的统一

马克思主义职业选择理论以马克思主义实践观为其实现路径。实践是一种自我否定和自我超越性的活动,正是实践的批判性推动个体择业行为不断向解放人、实现人的全面而自由发展的方向发展。自由自觉的活动，即实践活动，是人的本质。职业选择是人的主观意识活动，只有通过生产与社会实践才能实现，个体通过实践将个人的能力、特性及本质力量释放出来，将之转化为现实的改造世界的力量。

马克思主义实践观认为，实践活动具有现实和理想的双重性。在实践中，人的要求或目的作为实践活动的动力和追求具有理想意义，而这种理想意义又必须转变为现实体现于实践的结果之中。在马克思主义职业选择理论中，即体现在择业中的约束，包括自我约束和外在约束，与自由择业、自由劳动的矛盾关系。也就是说，人的实践过程实际上就是现实理想化和理想现实化的过程：一方面，人们通过实践活动来改变世界，个体通过劳动实践摆脱与劳动分工有关的一切形式的桎梏创造物质及精神基础，使世界趋向自由的理想化；另一方面，职业选择的价值理想正是通过实践活动在一定程度上变成了客观现实，这种现实与理想的双重性构成了一种独特的否定、上升的统一关系。实践在追求理想的过程中，其实蕴含着对现实客观性的批判和扬弃，因而，人的职业选择在不断的实践中逐步超越于已获得的规定性之上，从这个意义上来看，人本质上成了一种未完成的、生成性的存在物。正是实践这种积极的否定性，使人在职业选择中不断走向全面发展和自由解放。

趋利避害、择优而从、争取最好的结果等是人的本性。在择业问题上人也是如此，总希望找到理想的工作岗位。但是，理想是相对的、因人而异的，理想是随着时间的推移而变化的。理想的工作，要有相应的能力才能适应，才是真正理想的。所以，人们择业时要理性地看待理想，要从实际出发，在过程中择业和就业，到适应自己能力的地方去就业，这就是要改变"一择定终生"的观念，"在择业中就业，在就业中择业"，放下身子到基层就业，到更能发挥自己作用的地方就业。

从近年来我国大学生就业的实际情况来看，很多人选择"先就业、后择业"。先就业就是基于生存本能的考虑，无论自身内心深处的理想型职业是什么，倘若眼前还没有遇到理想的职业，首先最重要的是要确保自己能够独立生存，毕竟生存才是人个体发展的第一要素。当今社会，竞争激烈，就业形势不容乐观，这样的就业大环境给毕业生们带来了很大的就业压力和生存挑战。能够拥有一步到位的理想工作很不容易。对大多数人而言，最终能够登上事业高峰的人都是一步一个脚印，靠着踏实肯干、拼搏努力的精神一路奋斗过来的，这是一个漫长的过程，需要顽强的意志力和持久的忍耐力。因此，在大学生就业的过程中，不要因为眼高手低而放弃看似平凡具体的工作，要以平和的心态去想办法适应平凡的岗位，在具体做事的过程中不断积累经验，学习进步，同时抓住机遇，择机向上攀登。实践是检验真理的标准，大学生通过在工作岗位的适应和锻炼，才能更加清楚地看到自身的不足之处，从而有目标地学习，真正学以致用。同时，只有通过实践才能够真正为自己职业生涯确定正确的方向和目标，扩大自己职业能力提升的空间，获得更多好的选择机遇。从教育部学生司近年来的调研可以看到，秉承"先就业后择业"理念的大学毕业生居多。大部分大学毕业生能够认清形势，从实际出发，能够树立比较合理的就业观念。

近年来，很多大学生在就业实践中受挫、碰壁，逐渐意识到自己就是一名普通的劳动者，他们不再自以为是、高高在上，而是用平和的心态，通过自己的踏实劳动在为社会创造价值的同时，也实现了自身价值。随着大中城市工作岗位日益饱和，职业选择的竞争日益激烈，越来越多的大学生开始把目光投向了边远落后地区、艰苦行业和基层一线等一些更有利于自身发展的祖国和人民更需要的区域和领域。他们通过深入基层一线，艰苦奋斗，增加阅历，默默探索，为实现自己的职业理想和人生价值积累经验、增长才智。由于我国改革开放的深入、社会主义市场经济的发展和社会保障机制的健全，无编制的"非公有制"单位和中小企业越来越受到大学毕业生的青睐。由于社会分工的进一步发展和细化、职业世界的发展和进步,大学毕业生几乎找不到与自己所学专业完全匹配的工作岗位。对创新意识较强的大学生来说,他们更看重职业的发展前景和自身的综合提升,它们勇于根据自身能力和需求,适时调整择业方向,敢于作出富有挑战性的选择。他们选择职业时更注重个人技能与素质的提高,注重社会经验的积累,也正因如此,他们在职业选择过程中具备了较强的社会适应能力。

五、新时代大学生主体的历史责任与使命

青年是最富有朝气、最富有梦想的,青年兴则国家兴,青年强则国家强。大学生作为青年群体中的中坚力量更是深刻影响着国家民族的命运。大学是近现代教育的产物,中国的大学教育最早可追溯到戊戌变法时的京师大学堂(北京大学的前身)。大学生这一群体的产生,对中国社会产生了多方面的影响。早期的留学生们对中国学习西方、中国的近现代化起到了非常大的促进作用。他们中的不少人都成了民族的脊梁,诸如詹天佑、鲁迅、周恩来、邓小平、华罗庚、郭沫若、钱学森等。进入21世纪以来,世界各国、各地区的全面竞争空前激烈,而对人才的争夺则成为竞争制胜的法宝之一。作为现代教育的主体,大学生们受到各界越来越多的关注。他们肩负着社会发展与进步的责任和使命,他们就是未来和希望。他们素质的高低,对一个民族、一个地区的发展有着十分重要的影响,不容小觑。中国特色社会主义进入新时代,新时代大学生作为择业主体肩负着历史责任和使命。

(一)心有所信,方能行远

习近平总书记在给复旦大学《共产党宣言》展示馆党员志愿服务队全体同志回信时指出:"心有所信,方能行远"。这里所说的"心有所信"指的是青年人要有坚定的理想信念,理想信念是大学生远行,即职业选择行深致远的第一法宝。

把人类的幸福和自身的完善，与自身职业选择结合是马克思主义的一个基本思想。马克思恩格斯最早的关于青年观的探索是在1835年，在《青年在选择职业时的考虑》一文中，他谈到："在选择职业时，我们应该遵循的主要指针是人类的幸福和我们自身的完美。"① 马克思认为："尊严是最能使人高尚、使他的活动和他的一切努力具有更加崇高品质的东西，是使他无可非议、受到众人钦佩并高出于众人之上的东西。但是，能给人以尊严的只有这样的职业，在从事这种职业时我们不是作为奴隶般的工具，而是在自己的领域内独立地进行创造；这种职业不需要有不体面的行动（哪怕只是表面上不体面的行动），甚至最优秀的人物也会怀着崇高的自豪感去从事它。最合乎这些要求的职业，并不总是最高的职业，但往往是最可取的职业。"② 这段话不仅表明了青年在选择职业时要有崇高的理想和志向，而且还应该把促进人类的幸福和完善我们自身作为目标，体现出马克思恩格斯对青年抱有殷切希望。

理想信念是大学生健康成长所要求的。习近平总书记指出，没有理想信念，就会导致精神上"缺钙"，"理想指引人生方向，信念决定事业成败。没有理想信念，就会导致精神上'缺钙'"③。大学生有理想信念，志存高远，才能认清自己的责任与使命，才能够明确自己的奋斗目标，才能促进他们更快更好成长。大学生有理想信念，才能自觉地为祖国和人民奉献才智。大学生作为年轻一代的重要组成部分，受过现代化教育，具有社会责任感和历史使命感，才能挑起建设祖国的历史重担。

---

① 中共中央马克思恩格斯列宁斯大林著作编译局编译：《马克思恩格斯选集》第4卷，人民出版社1995年版，第40页。
② 中共中央马克思恩格斯列宁斯大林著作编译局编译：《马克思恩格斯文集》第1卷，人民出版社2009年版，第458页。
③ 习近平：《习近平谈治国理政》，外文出版社2014年版，第50页。

当代，随着新科技革命的蓬勃发展，各国间以科技竞争为核心的综合国力的竞争日益白热化。而综合国力、科技的竞争归根到底是人才的竞争。大学生作为现代人才的主体受到的重视程度日益提高，各国纷纷推出一系列培养人才、招揽人才的政策和方案。我国要想在这轮竞争中胜出，除了推出一系列的优惠政策外，还必须加强教育，提高他们的思想政治素质，充分发掘他们建设社会主义、实现中华民族伟大复兴的激情。因此可以说，认清大学生的社会责任和历史使命是大势所趋、形势所迫，不能有半点含糊。

大学生是祖国的未来、民族的希望，是建设中国特色社会主义的接班人，大学生职业选择的过程就是把人生理想融入国家和民族的事业中的过程。习近平总书记曾谈到"青年一代有理想、有本领、有担当，国家就有前途，民族就有希望"。大学生在选择职业时通过不断将社会主义核心价值观内化为自觉精神追求，使社会主义核心价值观成为自己的基本遵循，将个人的发展同祖国的需要、人民的利益结合起来，将个人职业规划与国家和民族的事业结合起来，从而获得正确的选择能力，在复杂的就业信息中"拨云见日"，避免盲从，在自己所处的时代条件下谋划人生，从而走稳人生发展的每一步，获得更加广阔的人生舞台。

作为新一代的大学生，必须坚定自己的理想信念，加强道德修养，锤炼道德品质，树立正确的世界观、人生观和价值观，科学地对待人生环境，创造有价值的人生，这是大学生对自我的要求，也是大学生承担社会责任的第一步。此后，要用自己的能力来回报家庭、国家和社会，为社会的进步作出自己的贡献。关心祖国和民族的命运，高举爱国主义旗帜，继往开来，为中国特色社会主义建设贡献自己的一份力量。大学生要把自己的命运同国家、民族的命运紧密联系起来，多关心时事，了解当今社会的发展趋势，特别是我国所处的国际环境等方面的信息。面向未来,走好新时代的长征路,更需要大学生主体坚定理想信念,矢志拼搏奋斗。结合学习党史、新中国史、改革开放史、社会主义发展史,在学思践悟中坚定理想信念,在奋发有为中践行初心使命,努力为实现"两个一百年"奋斗目标、实现中华民族伟大复兴的中国梦贡献智慧和力量。

(二) 掌握本领,扣好人生第一粒扣子

掌握本领和扣好人生第一粒扣子,既是对大学生主体知识、能力方面的要求,又是对大学生价值观方面的期许。择业中把掌握本领和人生观、世界观、价值观相结合是马克思主义的一贯思维。列宁从现实社会主义革命实践运动出发,考察青年群体在社会主义革命和建设中起到的作用,认为青年是可教育的,同时青年教育应带有鲜明的时代性、实践性。1903 年,在《关于对待青年学生的态度问题的发言》中,列宁明确提出"我们则把树立严整的革命人生观作为主要目的,而今后的实际任务就是让青年组织起来时靠近我们的委员会"①。1937 年毛泽东在庆祝陕北公学成立时谈道:"要造就一大批人,这些人是革命的先锋队。这些人具有政治远见。这些人充满着斗争精神和牺牲精神。这些人是胸怀坦荡的。这些人不谋私利。这些人不怕困难。这些人是脚踏实地富于实际精神的人们。中国要有一大群这样的先锋分子,中国革命的任务就能够顺利地解决。"② 在五四运动 20 周年纪念会上,毛泽东对青年在社会主义革命和建设中发挥的作用给予了充分的肯定,他认为五四运动以来,中国青年起到了先锋队的作用,起到了带头作用,能够勇敢坚定地

---

① 中共中央马克思恩格斯列宁斯大林著作编译局编译:《列宁全集》第 7 卷,人民出版社 2013 年版,第 295 页。
② 共青团中央、中共中央文献研究室编:《毛泽东邓小平江泽民论青少年和青少年工作(增订本)》,中国青年出版社 2003 年版,第 7 页。

站在革命队伍前头。对于青年在社会变革中的重要性,他也进行了阐述:"带着新鲜血液与朝气加入革命队伍的青年们,无论他们是共产党员或非党员,都是可贵的,没有他们,革命就不能发展,革命就不能胜利。"①

中国特色社会主义新时代,习近平总书记希望同学们,"不论是成就自己的人生理想,还是担当时代的神圣使命,青年都要珍惜韶华、不负青春,努力学习掌握科学知识,提高内在素质,锤炼过硬本领,使自己的思维视野、思想观念、认识水平跟上越来越快的时代发展"②。价值观方面的期许具体来说就是"从善如登,从恶如崩","广大青年要把正确的道德认知、自觉的道德养成、积极的道德实践紧密结合起来,自觉树立和践行社会主义核心价值观,带头倡导良好社会风气"③。加强真的思想道德修养,自觉弘扬爱国主义、集体主义、社会主义思想,积极倡导社会公德、职业道德、家庭美德,增强职业选择中的主体的道德价值指引。

在新时代,要想掌握更多,就要认真学习知识。新时代对每一位就业者的综合素质要求都有所提高。作为大学生,在校期间要认真学习专业知识,提高自己的综合素质,这样不仅能够在今后求职中占有优势,同时为我国的人才队伍提供高质量的就业人才。当前,在提高职业技能方面,国家从政策层面给了极大支持,这为大学生提高技能提供了条件。如发展现代职业教育、办好技工院校、完善技术工人职业发展机制和政策,使更多社会需要的技能人才、大国工匠不断涌现,通过技能大赛等活动,营造广大青年学习技能、报效国家的浓厚氛围。

---

① 共青团中央、中共中央文献研究室:《毛泽东邓小平江泽民论青少年和青少年工作(增订本)》,中国青年出版社2003年版,第55页。
② 习近平:《习近平谈治国理政》第3卷,外文出版社2020年版,第336页。
③ 习近平:《习近平谈治国理政》,外文出版社2014年版,第52—53页。

掌握本领既有知识本领，也有能力本领。习近平总书记提出："'人才有高下，知物由学。'梦想从学习开始，事业靠本领成就。广大青年要自觉加强学习，不断增强本领。人生的黄金时期在青年。青年时期学识基础厚实不厚实，影响甚至决定自己的一生。广大青年要如饥似渴、孜孜不倦学习，既要多读有字之书，也要多读无字之书，注重学习人生经验和社会知识。'纸上得来终觉浅，绝知此事要躬行'。所有知识要转化为能力，都必须躬身实践。要坚持知行合一，注重在实践中学真知、悟真谛，加强磨练、增长本领。"① 能力本领方面，创新能力、想象力、创造力、审美鉴别力等都是大学生职业选择要具备的。习近平总书记指出："青年是国家和民族的希望，创新是社会进步的灵魂，创业是推动经济社会发展、改善民生的重要途径。青年学生富有想象力和创造力，是创新创业的有生力量。"② 针对信息时代，知识的碎片化、快餐化，习近平总书记强调，知识是每个人成才的基石，在学习阶段一定要把基石打深、打牢。要"求真学问，求真理、悟道理、明事理，不能满足于碎片化的信息、快餐化的知识。要通过学习知识，掌握事物发展规律，通晓天下道理，丰富学识，增长见识。人的潜力是无限的，只有在不断学习、不断实践中才能充分发掘出来。建设社会主义现代化强国，发展是第一要务，创新是第一动力，人才是第一资源。希望广大青年珍惜大好学习时光，求真学问，练真本领，更好为国争光、为民造福"③。

---

① 中共中央文献研究室编：《习近平关于青少年和共青团工作论述摘编》，中央文献出版社 2017 年版，第 52 页。
② 中共中央文献研究室编：《习近平关于青少年和共青团工作论述摘编》，中央文献出版社 2017 年版，第 4 页。
③ 习近平：《在北京大学师生座谈会上的讲话》，外文出版社 2018 年版，第 13 页。

掌握知识本领，要在实践中脚踏实地地学习积累，勤学苦练，依靠辛勤的努力创造美好生活。习近平总书记指出："学到的东西，不能停留在书本上，不能只装在脑袋里，而应该落实到行动上，做到知行合一、以知促行、以行求知，正所谓'知者行之始，行者知之成'。"[①] 一些青年年轻气盛，容易心浮气躁，习近平总书记强调，每一项事业，不论大小，都是靠脚踏实地、一点一滴干出来的，并且用传统"道虽迩，不行不至；事虽小，不为不成"来说明这一道理。

掌握本领，扣好人生第一粒扣子，广大青年学子就要把远大志向变成现实，既要求得到真学问、练就真本领，又要有锲而不舍、自强不息的奋斗精神，像习近平总书记所说："保持初生牛犊不怕虎的劲头，不懂就学，不会就练，没有条件就努力创造条件。'志之所趋，无远弗届，穷山距海，不能限也。'对想做爱做的事要敢试敢为，努力从无到有、从小到大，把理想变为现实。要敢于做先锋，而不做过客、当看客，让创新成为青春远航的动力，让创业成为青春搏击的能量，让青春年华在为国家、为人民的奉献中焕发出绚丽光彩。"[②] 既要勤奋，孜孜不倦，也要奋勇争先，不怕困难，在困难和挫折中历练自己，保持积极向上的人生态度。在全球化时代，青年更要坚持面向现代化、面向世界、面向未来，不断提高与时代发展和事业要求相适应的素质和能力。努力成为可堪大用、能担重任的栋梁之材。

作为新时代的大学生，在全新的历史方位要勇挑重担，主动投身基层，增长才干，不断提高综合素质，在祖国需要的地方、人民盼望的地方锤炼出过硬的本领，以发展的眼光看待自己职业选择的过程，深入社

---

① 习近平：《在北京大学师生座谈会上的讲话》，外文出版社2018年版，第13页。
② 中共中央文献研究室编：《习近平关于青少年和共青团工作论述摘编》，中央文献出版社2017年版，第54页。

会各个行业，在实现"两个一百年"奋斗目标的过程中扩宽自己的职业生涯之路，在职业发展过程中在学思践悟中坚定理想信念，明确人生奋斗方向，做好实现"四个伟大"的中坚力量。

（三）文明其精神，健康其体魄

新时代大学生主体除了有理想信念、本领能力，最为基础的还有健康的体魄。新时代大学生主体的健康体魄从宏观上说关乎中国现代化的水平和质量，关乎中华民族和国家的未来。对于健康体魄，习近平总书记多次强调，健康体魄是健康生活的基础和保障，是个体成长和实现幸福生活的重要基础。"没有全民健康，就没有全面小康。要把人民健康放在优先发展的战略地位，以普及健康生活、优化健康服务、完善健康保障、建设健康环境、发展健康产业为重点，加快推进健康中国建设，努力全方位、全周期保障人民健康，为实现'两个一百年'奋斗目标、实现中华民族伟大复兴的中国梦打下坚实健康基础。"① 人民健康又是民族昌盛和国家富强的重要标志。2020年4月21日，习近平总书记在陕西省考察时说："现在孩子普遍眼镜化，这是我的隐忧。还有身体的健康程度，由于体育锻炼少，有所下降。文明其精神，野蛮其体魄，我说的'野蛮其体魄'就是强身健体。"

大学生主体条件很重要的内容就是体魄强健，身体健康既是所有素质和能力的内涵，又是基础。习近平总书记指出，"少年强、青年强则中国强。少年强、青年强是多方面的，既包括思想品德、学习成绩、创新能力、动手能力，也包括身体健康、体魄强壮、体育精神"②，"要树立健康第一的教育理念，开齐开足体育课，帮助学生在体育锻炼中享受

---

① 习近平：《习近平谈治国理政》第2卷，外文出版社2017年版，第370页。
② 中共中央文献研究室编：《习近平关于青少年和共青团工作论述摘编》，中央文献出版社2017年版，第51页。

乐趣、增强体质、健全人格、锤炼意志"①。强健体魄除了国家的倡导、政策的支持，青年学生也要注意加强体育锻炼，养成健康的生活方式和习惯，家庭、学校、社会都要为大学生增强体魄创造条件。

总之，当今中国最鲜明的时代主题，就是实现"两个一百年"奋斗目标、实现中华民族伟大复兴的中国梦。习近平总书记在不同场合多次提到"国家发展同大学发展相辅相成""中国的未来属于青年，中华民族的未来也属于青年""当代青年要树立与这个时代主题同心同向的理想信念，勇于担当这个时代赋予的历史责任，励志勤学、刻苦磨炼，在激情奋斗中绽放青春光芒、健康成长进步"。作为国家的未来和民族的希望，新时代大学生生逢其时，责任重大，在进行职业选择时，将职业发展的具体目标同民族复兴的宏大目标结合起来并为之不懈奋斗，正是中国特色社会主义环境下大学生为中华民族伟大复兴贡献自己的智慧和力量的具体体现。十九届五中全会提出的国民经济和社会发展第十四个五年规划目标和2035年远景目标对大学生择业有重要的方向指引作用。新时代大学生的历史责任和使命就紧紧与实现中华民族伟大复兴中国梦结合在一起，对大学生在职业选择方面的要求更高。当代大学生要正确认识我国当前所处的时代背景和历史方位，明晰我们国家在重大机遇的背后还面临着诸多挑战，作为一名大学生，也是即将迈入社会进行工作的青年人，在择业过程中不仅要考虑自己的实际情况，更重要的是要立足我们国家的现实情况，将小我融入大我，在工作中奉献自我；要有大局观和全局视野。对作为祖国建设后备军的大学生来说，将来职业的选择不能仅仅着眼于津贴待遇，应该有职业不分贵贱的想法，做到在任何岗位上都能够贡献自己独有的力量。认清新时代大学生责任与使命

---

① 教育部课题组编：《深入学习习近平关于教育的重要论述》，人民出版社2019年版，第4页。

的必要性和重要性,进而引导他们明确自身的责任和使命,踏实苦干,努力学习,树立共产主义远大理想,为实现中华民族的伟大中国梦而奋斗终生。

第三章 职业选择的社会条件

职业选择是在一定社会条件下的选择,是对工作领域的选择。社会条件、领域决定和制约着职业选择。社会条件、领域是职业选择的客体。正如人类社会是一个由低级向高级的发展过程一样,人的选择上的自由度也是随着经济、政治、文化、社会的进步而逐步提高的。马克思主义理想状态中自由的自愿的自主的职业选择,是要把人从异化的人的世界、劳动、感觉、强制分工以及拜物教的奴役和束缚中解放出来,从而获得经济、政治、精神上的解放。这个前提条件的积累是一个漫长的历史过程。

一、经济条件

经济是社会发展的基础。实现人的经济解放,大力发展生产力是人们职业选择的最根本的社会条件和依赖路径。

(一) 实现经济解放

马克思主义关于经济解放的思想包括以下含义:其一,改变人的物质匮乏状态。早在《德意志意识形态》中,马克思恩格斯特别强调物质生活、物质条件的重要性,指出如果一个人食不果腹、衣不遮体,它就无法获得根本性的解放,经济解放在人的解放中承担着基础作用。其二,把人从雇佣劳动中解放出来。在《法兰西内战》中,马克思把劳动解放上升到经济解放的高度来认识，认为只有通过劳动解放，才能获得巴黎公社的经济基础，并指出，生产者的政治统治不能与他们永久不变的社会奴隶地位并存。让劳动人民在经济上获得解放，是公社得以实现的重要方式，反之则是一种骗局。公社必须要进行劳动解放，才能铲除阶级统治赖以生存的经济基础。劳动解放，使得每个人都变成工人，生产劳动就不再具有阶级属性，不再具有雇佣的性质。这种劳动解放就是消灭生产资料私有制，实现生产资料公有制，扬弃私有财产，为人的解放创设经济制度条件。私有制是造成异化、物化、雇佣劳动等的根源，只有消灭私有制，才能使社会的生产、交换以及生产方式由异己的力量变为人的社会力量，整个社会才能从异化中获得解放。其三，把人从旧式分工中解放出来。旧式自然分工、强制分工是在资本主义制度下产生的，因此消灭旧式自然分工、强制分工，实现自由分工、自愿分工，为人的解放、人的自由自主选择职业创造直接条件。在《德意志意识形态》中，马克思的观点是，分工导致阶级、阶层的分化。社会差别的产生和扩大，造成物质劳动和精神劳动的分离，造成单个人或单个家庭的利益与社会共同体利益之间的矛盾；分工还是人类社会不平等的根源，它造成个人和社会的双重异化，所以，消灭自然分工，强制分工，代之以自觉、自愿分工就成为人类解放的重要内容。其四，把人从金钱、商品、货币资本等物的奴役中解放出来。马克思早在《论犹太人问题》一文中就提出，从个人来看，人的解放的实质，就是把人从对金钱的膜拜状态中拯救出来。《资本论》及其手稿中，马克思的思想进一步升华，提出把人从商品货币和资本等物的奴役中解放出来的思想。

(二) 生产力的发展

生产力与生产关系是相互作用的。经济解放是以生产力的高度发展为前提的，因为当人们还不能满足最低层次最基本的生存需要时，必然受到生存威胁，因而不可能获得解放。只有生产力的充分发展，才能为人们的择业创造良好条件。我党一向十分重视生产力的发展。在民主革命时期，毛泽东就指出：是否解放生产力是检验中国一切政党的政策及其实践作用的唯一标准，任何政党的政策、方针正确与否都要看它是否有助于生产力的发展，是否束缚生产力。新民主主义革命时期，中国共产党主要是通过革命斗争扫除在政治经济制度上阻碍生产力发展的障碍，推翻三座大山，即官僚资本主义、封建主义和帝国主义。正如毛泽东在《论联合政府》中所说"消灭日本侵略者，实行土地改革，解放农民，发展现代工业，建立独立、自由、民主、统一和富强的新中国，只有这一切，才能使中国社会生产力获得解放"①。中国共产党经过重重困难，最终取得全国政权，并建立起了社会主义制度，在这种新制度机体的基础上，中国共产党运用制度优势努力创造一切有利条件，集中人力、物力、财力，大规模致力于经济发展建设，通过大力发展社会生产力，不断提高国家的生产力发展水平，从而满足人民日益增长的物质文化生活需要，解决人民基本生活需求，使人民摆脱贫困的束缚。新中国成立后，毛泽东认识到了发展生产力的重要性，首先提出了中国发展生产力的历史任务。之后，邓小平同样将发展生产力作为我国社会主义发展的根本任务，随后建立了社会主义市场经济体制，制定了以经济建设为中心的基本路线，开创了新中国由计划经济转向市场经济的新局面。他强调，社会主义制度下的社会生产力能够得到前所未有的快速发展，这也正体现了社会主义制度的优越性，进而使人民不断增长的物质文化生活需要能够逐步得到满足。基于此，十一届三中全会之后，我国开启了由计划经济向市场经济的转变，逐步建立起社会主义市场经济体制，建立了以公有制为主体、多种所有制共同发展的基本经济制度，建立了以按劳分配为主体、多种分配制度并存的社会主义初级阶段的分配

---

① 毛泽东：《毛泽东选集》第3卷，人民出版社1991年版，第305页。

制度。由于我们党和政府充分认识到了市场在资源配置中的基础性作用，认识到了市场经济对于社会化大生产支撑的必要性，才坚定地选择了有中国特色的经济发展形式。

改革开放的新时期，党和国家进一步明确，我国处于并将长期处于社会主义初级阶段，但是贫穷落后不是社会主义，发展社会生产力始终是社会主义的根本任务，所以我国将把集中力量发展社会生产力摆在发展的首要地位且不可动摇。解放生产力，对于提高人民生活水平、满足人民生活的需求具有决定性作用。各项工作的开展都需要符合生产力发展的规律，以发展社会生产力为首要任务，最终目的是不断提高广大人民的生活水平。在我国社会发展过程中，发展社会生产力要求坚持生产力发展要素的全面均衡发展，实现人与自然界、人与社会、人与人本身的和谐健康发展。正是由于改革开放这几十年来生产力的巨大发展，社会经济增量的大幅度飞速提升，才为全社会的充分就业，尤其是大学生的充分就业创造了良好的条件。

（三）充分就业与经济发展

20世纪30年代，英国经济学家J. M. 凯恩斯所作的《就业、利息和货币通论》一书中，提出了有效需求不足的理论，"充分就业"一词首次出现，指在某一工资水平之下，所有愿意接受工作的人，都获得了就业机会。凯恩斯认为，在资本主义社会中，除"自愿失业""摩擦性失业"外，还存在"非自愿失业"的情况。"摩擦性失业"是指由于经济调整，经济的周期性发展中出现的因为季节、技术性等原因引起的失业。所谓"非自愿失业"是指劳动者愿意接受一定市场工资水平的就业但仍然得不到就业机会。对于如何消除"非自愿失业"，凯恩斯也给出了自己的看法：通过刺激有效需求，增加就业岗位，继而消除非自愿失业，实现充分就业。

"充分就业"不等于完全就业，而是仍然存在一定的失业。所有的失业均属于摩擦性和季节性的,而且失业的间隔期很短。通常把失业率等于自然失业率时的就业水平称为充分就业。但是充分就业与每个人都能就业是有所不同的,充分就业讲究的是凡是愿意并有能力工作的人都得到了一个较为满意的就业岗位,在充分就业状态下仍然存在一定数量的结构性失业和摩擦性失业,即因技术进步、产业结构、劳动年龄和需求偏好变化而引起的职业转换过程中的暂时性失业。这种失业具有一定的自然合理性,属于劳动力人口的正常流动,是优化人力资源配置的动态调整过程,是经济发展和社会进步的需要,充分就业被认为是人力资源有效配置的优化状态。

对于充分就业,我国人力资源和社会保障部也给出了权威性解释。2008年国家劳动和社会保障部发布的《实施扩大就业的发展战略,实现社会就业更加充分研究报告》中提到,充分就业并不是指一切有劳动能力的劳动者全部都就业了,而是指在一定市场工资水平下,愿意就业的劳动者都能够就业的状况。①

将充分就业放在人类发展的历史进程中来看,其承担着人类生存的重要职能,并与经济发展形成一种双向互动。充分就业把就业从被动地适应经济发展的现行格局,从保守地等待二元化消融的结果,转到形成促进就业增长和经济发展良性互动,积极推进地区结构平衡,使经济发展能够实现就业的最大化,使劳动力要素的注入能够开发利用,能够更好地推动经济发展。② 从现实情况来考虑,经济发展出现的周期性波动影响着就业政策的变动。伴随着市场经济的自我完善,最终实现经济活动的均衡,充分就业得以实现。20世纪90年代经济转型时期就业政策由保守向积极转变,就业方和用人方双向选择,初步实现了人才资源的

---

① 罗传银:《中国充分就业》,中国经济出版社2009年版,第12页。
② 罗传银:《中国充分就业》,中国经济出版社2009年版,第87页。

合理配置，不仅适应了当时经济发展的需要，也为充分就业创立了基础。市场经济时期的"自主择业"就业政策使失业率的有效降低，劳动者在积极的就业政策支持下，自身积极性和创造性得以发挥，为中国社会主义市场经济体制转型作出了应有的贡献。同时灵活的就业政策也使得劳动者结构更加多元稳定，就业方式更加灵活多样，就业观点更加先进，劳动者区域流动性有效增强，充分就业稳步推进。全球共享经济时期大学生就业的核心和亮点是"自主创业"。通过创业，不仅解决了自身就业问题，还为社会创造了更多的就业岗位，使得人力资源得到了更加合理和高效的配置。中国经济全面协调发展正是充分就业思想主导下人力资源高效使用后的结果，可见充分就业不仅带来了收入的提升，更使劳动者的劳动潜力和热情得到了激发，劳动者的劳动技能在参与社会经济活动中得以提升，有益于人的全面自由发展，也为社会政治稳定、经济发展作出了贡献。实现社会充分就业时有三个特征：

一是劳动力供求基本平衡。充分就业保证每个就业者的权利。在充分就业的背景下，每一个愿意从事工作的就业者都能找到自己预期的职位，在工作过程中能够充分地实现自主选择、自主决策、自主就业、自主离职的权利，在工作岗位上得到个人价值的最大实现，在工作中获得满足感，实现个人意愿的全面发展。充分就业状况能保证每个就业者的生活。在充分就业背景下，每一个愿意从事职业的就业者都能够在工作过程中获得相应的劳动报酬，这些报酬能够支撑劳动者的日常生活和家人开销，因为一旦一个职位不能提供给就业者满足其生活的津贴，那么他就可以离开该岗位寻找新的更合适的职位。

二是劳动关系相对稳定。在充分就业的背景下，一个合适且符合就业者预期的职位，不仅能够在物质上给予就业者满足，而且能够让就业者得到心灵上的慰藉；使就业者的心灵不再游离，让其产生归属感，实现个人价值和社会价值。这样就能够使得劳动关系保持相对的稳定。

在充分就业背景下，社会上的人力资源等各项资源都得到了最优化配置，实际经济产出 GDP 接近或等于潜在产出，经济运行曲线处在生产可能性曲线的边缘附近，经济周期处在繁荣和高涨阶段，国民经济蛋糕已经做到最大，即使收入分配比例保持不变，个人家庭收入和政府财政收入也都会获得相应增长，人口发展、经济增长和社会进步处在动态和谐的健康运行状态。充分就业有效消解了社会中出现的冲突。充分就业状态证明了政府决策政策的公正性及有效性，政府开启宏观调控的政策目标已实现，社会公众对政府机构政策的满意度得到提升，与此同时政治支持率会得到提高，政府也能够用不断增长的财政收入支撑社会全面发展进步，有劳动能力并愿意工作的劳动力人口都各就其业、各司其职，社会发展过程中潜藏的不稳定因素得到及时消解，既不会出现纵向的政府与公众之间的社会剧烈摩擦，也不会出现横向的社会各阶层或各利益集团之间的巨大矛盾冲突。

三是劳动者素质得到较充分开发，对其就业产生积极影响。[①] 人在事物发展中占据主导地位，人力资源是经济社会发展的原动力，劳动者数量、质量的高低在一定程度上影响国家经济社会发展进程。在充分就业状态下，劳动者就业期望与就业岗位全面匹配，就业岗位向劳动者提供的不仅仅是良好的收入，还能促进劳动者个人能力的提升和劳动技能的发展，继而实现劳动者劳动素质的全面提升。在就业岗位上劳动者的自主性得到最大程度发展，其自身的内在需求偏好获得了满足，有可能实现符合个人意愿的全面发展，人力资源递增收益效应得以凸显，继而推动经济社会的可持续发展。此外，充分就业状态下的劳动者个人期望与岗位高度契合，通过劳动拥有社会财富和价值让劳动者的个人付出得到肯定，进而获得较大的归属感和方向感，精神需求得到满足，更有助

---

① 罗传银：《中国充分就业》，中国经济出版社 2009 年版，第 9 页。

于劳动者获得清晰的社会定位,从而减少因失业、岗位不匹配产生的心理失衡,降低发生群体性事件的风险。在人力资源得到有效配置、劳动者充分就业的情况下,其他社会资源的利用率和循环率也会得到提升,国民经济实际产出与潜在产出呈现一致性发展趋势,从而形成科学的产业结构,促进经济社会的和谐发展。

综上所述,充分就业在满足了个人就业需求的同时,还实现了社会稳定的目标。充分就业作为当今世界各国普遍追求的最优发展状态,最终有利于人的发展和实现,充分就业蕴含着巨大的人本主义发展意义和民本主义发展价值。充分就业既是微观居民户家庭实现收入最大化所追求的理性预期,也是宏观政府调控的首要政策目标。

二、政治条件

经济决定政治,而政治是经济的集中体现。不断解放和发展生产力,促进社会的经济发展是政治的主要内容。政治也是职业选择的重要条件之一。

(一) 实现政治解放

马克思所讲的政治解放完全不同于资产阶级通过革命所获得的政治解放。资产阶级的政治解放推翻了封建专制制度,使国家从封建统治、宗教统治中解放出来,仅此而已。资产阶级的政治解放并没有完成人类的真正解放。马克思所追求的政治解放是旨在人类解放的政治解放。马克思主义职业选择理论倡导的政治解放路径,就是在无产阶级及其政党的领导下,经过无产阶级革命,打碎资产阶级的国家机器,推翻资产阶级的统治,建立无产阶级专政,实现国家机器的民主化、国家政权牢牢掌握在人民手中,实现真正意义上的人民当家作主。进而,无产阶级运用政治统治手段,逐步废止生产资料私有制,建立生产资料公有制,加强社会主义建设,推进社会生产力的快速发展,稳固社会主义物质基础，健全社会主义经济制度、文化制度和政治制度，实现消灭阶级差别和阶级统治的理想，最终消灭一切阶级，实现共产主义。

马克思主义认为，"自由人的联合体"是实现全社会人类解放最彻底的政治形式。之所以这样，可以从五个方面进行分析：第一，从所有制的形式上看，"自由人的联合体"由"联合起来的社会个人的所有制"，代替资本主义的个人私有制，实现了社会的根本性变革。第二，从生产过程看，人们在"自由人的联合体"中进行生产劳动的过程中使用公共的生产资料，并且自觉地把他们许多个人劳动力当作一个社会的劳动力来使用，通过这样的方式，建立"自由人的联合体"的合作制生产模式，并且用这一新的生产模式代替资本主义自由的无政府主义的生产模式。第三，"自由人的联合体"实现了劳动关系的彻底变革。它颠覆了那种所谓的商品拜物教主义渗透入现代人意识之中的劳动关系，并由"自由人的联合体"形式的新的劳动代替了资本主义的雇佣劳动。第四，从劳动条件方面看，"自由人的联合体"是劳动受奴役的经济条件被自由的联合的劳动条件所代替，目前"资本和地产的自然规律的自发作用"，被新的"自由的、联合的、劳动的、社会经济规律的自发作用"[①]所代替。第五，从劳动产品来看，"自由人的联合体"把产品变成社会的产品，而不是继续将产品变成商品。在"自由人的联合体"中，劳动产品回归原有的自然属性，社会化的人、自由联合的生产者，他们将按照更加合理的方法来调节配置与自然之间的物质交换关系，并在使用最小消耗和最适合人性的前提下，将其完成。综上可以看出，"自由人的联合体"追求的是更加彻底的人类解放，它就是要消除所有导致人的异化和物化的经济基础，尤其是所有制关系、生产关系、

---

① 中共中央马克思恩格斯列宁斯大林著作编译局编译：《马克思恩格斯文集》第3卷，人民出版社2009年版，第198页。

劳动关系等等，从而建立新的人类解放的政治条件。所以，马克思在《德意志意识形态》中这样论述，人类只有在共产主义社会这个真正的共同体中，才能获得全面自由发展，才能获得真正的解放。

（二）人民当家作主

政治制度直接决定人的解放程度和自由全面发展程度。马克思认为，"个人正是在某种政治制度下才成为奴隶、地主、工人或资本家等不同的社会角色和阶层"。普遍意义上的马克思主义职业选择理论中的政治路径，是在无产阶级及其政党的领导下，通过建立无产阶级专政，实现人民当家作主，并于此之后废除生产资料私有制，建立公有制，最终消灭一切阶级。但在中国，由于资产阶级无法肩负起将人民从封建主义与帝国主义中解放出来的历史使命，因而无产阶级承担了民族民主革命、社会主义革命与建设以及共产主义实现的全部历史责任。近代中国人民在帝国主义、封建主义和官僚资本主义的压迫下，生存和发展的基本权利被肆意剥夺，丧失了自主受教育、自主选择职业、自主进行生产劳动的权利。无法实现政治解放，就无法将人从非人状态中拯救出来，人们的劳动生产实践就始终如同绑缚在流水生产线上的机器，始终处于马克思所说的异化力量控制之中。毛泽东坚持中国必须首先进行无产阶级革命，以实现政治上的解放，将人的生存权和发展权还给人，将自由、自主、自愿的劳动选择权利还给人，因而毛泽东选择了与西方资本主义道路不同的无产阶级专政道路，建立了属于劳动人民自己的政权，使中国人摆脱了专制统治和帝国主义统治对人的劳动的压迫与束缚。在此之后，中国逐渐走上了中国特色社会主义政治道路，其目的是以人民民主的逐步实现不断解放人、发展人，给予并保障人民群众更自由的劳动选择权和生存发展权，包括职业选择权、工作自由权、就业平等权、就业服务权和失业保障权等。在就业的职业选择方面，国家给予个人充分的政治帮扶与法律保障，制定并实施了《中华人民共和国劳动法》

《中华人民共和国就业促进法》《中华人民共和国反职业歧视法》及与之相配套的行政法规、地方性法规和部门规章，初步形成了中国特色的劳动就业法律保障体系，在当代沿着马克思主义职业选择理论的政治路径，不断探索、实践。

(三) 以人民为中心的国家治理

以人民为中心的国家治理是习近平新时代中国特色社会主义思想的重要内容，是新时代坚持和发展中国特色社会主义的基本方略，是社会主义价值追求在现实政治治理中的具体体现。2015 年 11 月 23 日，在中央政治局第二十八次集体学习中，习近平总书记提出"以人民为中心"的发展思想。在习近平新时代中国特色社会主义思想中以人民为中心的思想处于基础性地位。第一，以人民为中心是我们党和国家行动的目标宗旨。人民群众是物质和精神财富的创造者和享用者，是社会生产资料的消费者。我们党不忘初心牢记使命，所做的一切都是为了为人民谋幸福、为中华民族谋复兴、为世界谋和平。习近平总书记在党的十九大报告中指出："带领人民创造美好生活，是我们党始终不渝的奋斗目标。必须始终把人民利益摆在至高无上的地位，让改革发展成果更多更公平惠及全体人民，朝着实现全体人民共同富裕不断迈进。"明确目标宗旨，我们的奋斗、我们的事业才会有明确的方向。第二，以人民为中心体现对历史进步动力的尊重。人民群众是历史的创造者，是社会历史发展的推动者，社会历史的发展离不开人民群众，只有依靠人民，才能创造出与众不同的历史伟业，我们才能在人民尊重中不断汲取养分来推动社会历史不断向前发展。第三，以人民为中心的思想提倡人民利益至上。人民群众对美好生活的向往和追求，推动着社会历史向前发展，实现中华民族伟大复兴中国梦要从国家富强、民族振兴、人民幸福这三个方面入手，而要实现人民幸福这一目标就要努力实现好维护好人民群众的切身利益。

以人民为中心的治理理念源于中国特色社会主义的伟大实践，是统领新时代中国经济社会发展全局必须坚持的根本立场、观点、方法。这一发展理念坚持"以经济建设为中心"，并对过去的目标定位做了进一步丰富和发展。不仅有效解决了"为了谁、依靠谁"的问题，深刻揭示了新时代中国发展的价值指引和根本目的，而且进一步明确了新时代中国发展的方向、动力和思路，形成了比较完整的思想体系。新时代推动中国发展，最根本的就是要深刻把握以人民为中心的新发展理念及其所蕴含的马克思主义立场、观点、方法，并将其转化为促进发展的政策措施、谋划发展的正确思路与领导发展的实际能力。

以人民为中心的国家治理是中国特色社会主义伟大事业在新时代条件下持续健康发展的必然诉求，是中国共产党治国理政战略逐步展开的核心驱动，其形成逻辑是一个历时性与共时性辩证统一的发展过程。正如恩格斯所说："世界不是既成事物的集合体，而是过程的集合体。"[1] 唯物史观是以人民为中心的发展思想的理论来源，马克思认为"正是人，现实的、活生生的人在创造这一切，拥有这一切并且进行战斗。并不是'历史'把人当作手段来达到自己——仿佛历史是一个独具魅力的人——的目的。历史不过是追求着自己目的的人的活动而已"[2]。

以人民为中心的国家治理，在治理机制上把党的领导和以人民为中心有机融为一体。中国共产党始终坚持以马克思主义武装自己，坚持将马克思主义基本理论与中国革命建设实际相结合。2013年8月19日，习近平总书记在全国宣传思想工作会议上特别强调了党性和人民性的统一，提出要树立以人民为中心的工作导向，这是关于以人民为中心的发

---

[1] 王增福、宋美桦：《新时代以人民为中心的发展思想研究评析》，载《山东青年政治学院学报》2020年第7期，第23—32页。
[2] 中共中央马克思恩格斯列宁斯大林著作编译局编译：《马克思恩格斯文集》第1卷，人民出版社2009年版，第295页。

展思想最早的阐述。2015 年 10 月，中国共产党十八届五中全会上，习近平总书记提出"必须坚持以人民为中心的发展思想，把增进人民福祉、促进人的全面发展作为发展的出发点和落脚点"。在党的十九大报告中将以人民为中心作为核心概念进行阐述，强调了"新时代中国特色社会主义思想，必须坚持以人民为中心的发展思想"，"使人民获得感、幸福感、安全感更加充实、更有保障、更可持续"。这体现了我党全心全意为人民服务的根本宗旨，体现了人民是推动发展的根本力量的唯物史观，体现了以人民为中心的发展思想是中国共产党矢志不渝的初心，反映了坚持人民主体地位的内在要求，彰显了中国共产党始终坚持人民至上的价值取向。

中国就业问题的原则及就业模式的变迁是中国共产党以人民为中心在民生问题上治理的具体体现。以人民为中心这一思想关切人民的根本利益，将维护提高人民的根本利益放在重要位置。对我国就业模式进行梳理可以看出，坚持以人民为中心的发展思想，着力保障和改善民生是中国共产党不变的初心。从计划经济时期的"统分统包"模式，到经济转型时期的"双向选择"模式，再到市场经济时期的"自主择业"模式，直到现在全球共享经济时期的"自主创业"模式，中国共产党始终坚持以人民为中心，全力推进实现劳动者高质量就业。2014 年政府工作报告中李克强总理提出坚持实施就业优先战略和更加积极的就业政策，2019 年的政府工作报告提出了就业优先政策。这是第一次把就业优先政策置于宏观政策层面，与财政政策、货币政策并列，再次确认了就业问题的极端重要性。可见中国共产党在任何时候都能清醒地认识到，人民是建成中国特色社会主义伟大事业的力量之源，是中国共产党的执政根基，更是中华民族伟大复兴中国梦的历史主体。就目前中国发展而言，始终坚持并自觉践行以人民为中心的发展思想不仅是坚持和发展中国特色社会主义的题中应有之义，而且是夺取新时代中国特色社会主义伟大胜利，实现中华民族伟大复兴，建成社会主义现代化强国的重要保证。①

三、精神条件

一定的精神、观念，是与之相应的社会经济和政治的反映，同时它又反作用于经济政治。一定社会的精神状况、观念态度等，也是影响人们择业的重要社会条件。

（一）实现精神解放

"资本主义私有制的出现，不仅使人在物质上被严重异化，而且使人在精神上也遭受着各种异化的严重肆虐。"② 在这种经济条件和政治制度下，精神解放的实质是将人从异化的奴役中解放出来，获得充分自由，并得到全面发展。而这又不单纯是一种意识、观念的精神活动，要实现精神解放，必须消除产生异化奴役这种意识观念的土壤和物质基础，使人能够彻底摆脱资本主义物质条件的束缚。这包括落后的生产力、社会分工和生产资料所有制对人的纠缠，包括独立于个人的虚假共同体（如国家和法）对人的奴役，包括唯心主义、宗教信仰等思想意识对人的控制，将人能够从各种旧的、思想贫乏、愚昧无知的意识形态中解放出来，使人的生产生活活动真正地顺应自然和社会历史的发展，得到自由自觉、全面解放的实践。西方人本主义马克思主义者弗洛姆也看到了精神解放这一层次，他认为，马克思所追求的正是人彻底的精神解放，他决不否认人精神存在的重要价值，但是他所认同的经济决定论不是简单地将人被物质力量所奴役的客观规律说成是人类社会发展的一

---

① 王增福、宋美桦：《新时代以人民为中心的发展思想研究评析》，载《山东青年政治学院学报》2020年第7期，第23—32页。
② 于桂芝、郭瑞涛：《马克思人的精神解放的理论实质及现代价值》，载《学海》2008年第3期，第11—16页。

般规律。他认为,人在资本主义社会中之所以受到剥削和摧残,正是因为私有制的经济关系,"人成了盲目经济力量的客体,正是这些力量支配着人的生活。一方面,人崇拜自己双手的产物,另一方面,人又把自身变成一个实物"。他所提出的经济学批判就是要消除这种人与物之间的颠倒关系,即物对人的奴役。弗洛姆宣称,"马克思对资本主义的全部批判,恰恰就是因为资本主义把对金钱和物质利益的关心变成了人的主要动力,而马克思关于社会主义的概念,正是指这样一个社会,在这个社会中物质利益不再是占支配地位的"[1]。弗洛姆把精神解放看作马克思人类解放的目的和追求,毫无疑问这是符合马克思本意的。

要实现人的精神解放,还要具有一定的文化条件。马克思论述的文化条件主要有:

其一,个人和社会拥有充裕的自由时间。当人获得人类解放的最高境界精神解放,就能够自主自觉自由地从事个人创造性活动,此时,充裕的自由时间就显得尤为重要,它是实现人类精神解放的充足条件。在充裕的自由时间里,人可以使自身获得更好的发展、追求更大的进步,可以主动地接受教育或从事科学、艺术和交往等活动,通过这样的教育锻炼,最终实现人自由而全面的发展。

其二,个体交往达到普遍化。个体交往的普遍化指的是个人的交往打破血缘、地缘的壁垒,实现世界性交往,它迫使人们越来越多地参与到各个领域、各个层次的社会交往之中,同无数其他的个人、同整个世界的物质生产和精神生产进行着普遍的相互交换。个体交往的普遍化使个人的世界历史性得以生成,使个人社会关系得以丰富和发展,为人的精神解放和发展提供了社会关系条件。个人社会关系的丰富和发展,使个人的社会关系由建立在低下生产力基础上的、简单狭隘封闭的社会关

---

[1] 马克思:《1844年经济学哲学手稿》,人民出版社1979年版,第34页。

系向建立在高度发达的生产力和生产高度社会化基础上的、丰富全面开放的社会关系发展；由类似于动物的生理的血缘关系为纽带的、使人受到支配的社会关系向真正属于人、由人自觉掌握和调控的社会关系发展；由使人奴隶般地服从于固定的分工和由此导致的畸形片面的发展并不断产生人与人之间对立的社会关系向使人成为自己与社会结合的主人、自己本身的主人的社会关系发展①。这是人的精神解放、精神生活丰富的重要条件。

其三，精神解放需要改变教育和科学的性质。教育与科学的性质不是一成不变的，当某种特殊的社会形态（如宗教、阶级统治）成为人与人之间相互依附的基础时，它们便是这种特殊社会形态下的附庸，是统治奴役人的工具。同样的道理，在物质奴役人的社会形态中，它们便成为人们追名逐利、获得利益最大化的工具。正是基于这样的认识，所以马克思在《共产党宣言》中说，共产主义革命就是要改变教育的性质，使其摆脱统治阶级的影响，消灭对于资产阶级至关重要的、把人训练成机器的教育。

其四，精神解放还需要消除不断纠缠人们的错误的思想意识。马克思在《法兰西内战》中明确指出，"使人们的精神从宗教麻痹中解放出来"。人们在观念的统治下生存生活，其目的就是抽象虚幻的理性；在物神的统治下生存生活，其目的就是好追逐和占有财富。把人从禁锢人的这些错误思想意识中解放出来，就成为人类解放的必要思想文化条件。

（二）实施全面教育，构建和谐社会

马克思主义认为，要实现自由、自主、自愿的择业观，就要有与职

---

① 代俊兰：《马克思人类解放理论的终极价值解析》，载《当代世界与社会主义》2010 年第 5 期，第 54—58 页。

业相匹配的身体条件、与职业相适应的能力技能水平以及独立创造的精神和意识、为人类幸福而奋斗的价值理想。马克思强调普及全面教育对于促进人的全面发展的重要意义，他认为只有在全面教育中才能使人自由变换职业，全面了解整个生产系统，才具备消除旧式社会分工的基本条件，才可以"根据社会的需要或他们自己的爱好，轮流从一个生产部门转到另一个生产部门"。列宁说"教育、训练和培养出全面发展的和受到全面训练的人，即会做一切工作的人。共产主义正在向这个目标前进，必须向这个目标前进，并且一定能达到这个目标"[①]。由此推出，实现人的精神解放可以通过实行全面教育的途径来完成。正是基于这样的认识，我国始终坚持马克思主义关于人的全面自由发展的价值精神，促进德育、智育、体育、美育的均衡发展，并致力于将教育和社会生产实践相结合、与社会发展之需相结合、与社会整体价值诉求相结合。

一方面，实现马克思主义职业选择理论需要普及全面教育。针对旧中国教育一直把持在统治阶级手里的现实，毛泽东主张对旧中国的教育模式本身进行彻底的革命，将人们从奴化了的、封建专制的教育中解放出来，使教育本身从"剥削阶级手中的工具"转变成"工人阶级手中的工具"，使其成为劳动人民自身自由解放和全面发展的手段。毛泽东力图通过发展全面教育来实现人的全面发展。他强调，旧式教育是愚昧的，中国应当建立起属于自己的、民族的、科学的、人民大众的新文化和新教育，其目的就是"在于使广大中国民众都成为享受文明幸福的人"。毛泽东不仅强调通过教育促进人的全面发展，而且强调通过教育同生产劳动相结合，培养人民群众需要的"社会多面手"，希望青年能达到"拿起锤子能做工，拿起锄头犁耙能种田，拿起枪杆子就能打死敌

[①] 中共中央马克思恩格斯列宁斯大林著作编译局编译：《列宁选集》第4卷，人民出版社2012年，第159页。

人，拿起笔杆子就能写文章"① 的境界，造就亦工亦农、亦文亦武的全面发展的社会主义建设者和接班人。同时，坚持教育是为无产阶级解放培养接班人和建设者，必须面向生产系统、面向社会需求、面向劳动实践，需要走出一条全面教育与职业教育相结合的道路。全面教育注重受教育对象的全体性、教育内容的全面性以及教育中人的创造性、主体性、开放性，职业教育注重知识的可用性、能力的实践性、受教育者的个性以及教育目的的社会意义，教育脱离其社会责任就将成为奴役人的工具，脱离其全面性就无法使人得到全面自由的发展。二者在当代中国社会相互补充、相互促进。

另一方面，实现马克思主义职业选择理论需要坚持思想政治教育。这是实现个人价值与社会价值相统一、将实现人的全面发展的择业价值理想内化于每一个个体择业选择之中的重要环节。开展思想政治教育的目标，就是要引导受教育者，明确个人的社会责任与历史使命，发现人之为人的社会性。培养有道德、有理想、有抱负的社会公民，通过自我教育、自我发展，树立自身的社会责任感，将社会的需求与个人的选择、大众的利益与个人的利益结合在一起。特别在处于转型期的中国社会历史背景下，西方个人主义、功利主义、物质主义与拜金主义盛行，它们逐渐放逐、吞噬乃至取代了我国传统的精神价值，以及与之相对应的真、善、美、理性、德性、神性等价值观念②，使得人们在自私自利、损人利己、物质名利、享乐怠惰中迷失了价值方向。因而坚持思想政治教育既是时代的强烈需求，也是实现马克思主义职业选择理论的不二之路。

---

① 《人民日报》社论：《全国都应该成为毛泽东思想的大学校》，载《人民日报》1966 年 8 月 1 日，第 1 版。
② 楚丽霞：《当代社会精神生活失衡的基本特征分析与对策》，载《理论月刊》2011 年第 7 期，第 183—185 页。

社会对人的全面教育，体现在社会生活中的一个重要功能，就是构建和谐社会，这也为人的职业选择创造了条件。在我国，党和国家赋予了和谐社会丰富的内涵，其内容包括"民主法治、公平正义、诚实友爱、充满活力、安定有序、人与自然和谐相处"，强调人与自然、人与社会、人与人自身的健康、协调与和谐是社会主义和谐社会的核心内容，同样，这些内容对于人们的职业选择具有相当重要的意义。其一，和谐社会的构建将促进产业、行业、地域之间资源的合理分配，从而促进社会劳动充分流动，打破职业选择与变换固有的社会壁垒，降低职业选择与变换的社会成本；其二，和谐社会的构建将为人们的职业选择提供充足的社会保障，减轻消除人们自由选择的负担与束缚；其三，和谐社会充分尊重并保护个人的创造性，保护个人知识产权，鼓励个人在职业活动中自由自主创造，实现马克思主义职业选择理论中的"有尊严"的工作；其四，和谐社会构建有利于形成良性的社会关系、家庭关系、个人关系，减少个体的孤立感、隔阂感，充分展现个人的社会性，将个人的社会责任融入其职业选择和劳动实践之中，抵制个人主义、功利主义的诱惑，增强个体的社会公民意识。

四、新时代大学生职业选择的社会条件

正如习近平总书记所说"时间之河川流不息，每一代青年都有自己的际遇和机缘，都要在自己所处的时代条件下谋划人生、创造历史。青年是标志时代的最灵敏的晴雨表，时代的责任赋予青年，时代的光荣属于青年"[1]。中国发展的"两大奇迹"：高速发展和长期社会稳定为新时代大学生的职业选择提供了良好的环境基础。"十四五"时期，我国将开启全面建设社会主义现代化国家的新征程，向第二个百年目标奋斗进

---

[1] 习近平：《习近平谈治国理政》第3卷，外文出版社2020年版，第167页。

军。新时代，大学生的职业选择迎来了一个新的历史机遇和挑战。

（一）新时代大学生职业选择面临新的环境和挑战

"十三五"时期的经济积累为当代大学生的职业选择奠定了物质基础和物质条件。正如党的十九届五中全会公报指出的，"十三五"期间，我国"经济实力、科技实力、综合国力跃上新的大台阶，经济运行总体平稳，经济结构持续优化，预计二〇二〇年国内生产总值突破一百万亿元；脱贫攻坚成果举世瞩目，五千五百七十五万农村贫困人口实现脱贫；粮食年产量连续五年稳定在一万三千亿斤以上；污染防治力度加大，生态环境明显改善；对外开放持续扩大，共建'一带一路'成果丰硕；人民生活水平显著提高"。

当前，我国发展正处于重要战略机遇期，机遇和挑战并存的环境对大学生的职业选择是一把双刃剑。世界正经历着百年未有之大变局，一是新一轮科技革命和产业革命的深刻变化给人类的生存、生活方式等带来了巨大的变化；二是国际力量的对比正在发生深刻的变化，尤其是中美关系正在发生着深刻的变化；三是我国经济社会发展转向高质量发展阶段。大学生的职业选择的大环境正在发生深刻的变化，这些变化将深刻影响大学生当前和未来的职业选择。

创新驱动下，国家对高层次人才的需求更加迫切。在国家创新驱动的新发展战略下，强化国家战略科技力量，打好关键核心技术攻坚战，瞄准人工智能、量子信息、集成电路、生命健康、脑科学等前沿领域及前瞻性、战略性重大项目，这使得国家对高层次人才的需求增大，尤其是增强国家战略科技力量相关类人才队伍的需求增大。激发人才的创新活力，提升企业技术创新力量，对大学生职业选择的主体素养及择业方向等都是一个信号。

在构建新发展格局的背景下，大学生职业选择将面临着结构性的变化。十九届五中全会通过的国民经济和社会发展第十四个五年规划和

2035年远景目标中，新发展格局成为一个突出的内容。在这一格局下，扩大内需是基点，畅通国内大循环，促进国内国际双循环，全面促进消费，鼓励了消费新模式新业态，拓展投资空间，优化投资结构，尤其是推进新型基础建设、新型城镇化的重大工程建设。全面深化改革，激发各类市场主体的活力。这些新变化是社会条件、社会环境的新的发展趋势，同时在一定程度上，也是大学生职业选择的发展趋势。

优先发展农业农村，全面推进乡村振兴使得大学生职业选择的空间结构也将面临新的选择。"十四五"期间，我国建设智慧农业、农业现代化示范区，实施乡村建设行动，提高农民科技文化素养，推动乡村人才振兴。这些经济发展的新变化使得改革开放后，沿海、沿边，东南沿海经济发达、人才聚集的情况随着农业农村发展、乡村振兴、东西部协作战略的实施而发生变化，大学生的职业选择的空间将会随着国家战略布局的变化发生新的变化。

同时我们也要看到，与发达国家相比，我国就业的总体性矛盾和结构性矛盾十分突出，主要表现在：劳动力供大于求的矛盾；劳动力供给结构与需求结构之间的矛盾；城镇失业人数呈增加趋势，真实失业率持续上升；农村富余劳动力向大中型城市大规模转移；新成长的劳动力就业问题，尤其是大学毕业生就业问题日益严重；失业人员再就业普遍困难，再就业率低下。充分就业状态既满足了微观层面的公众需要，又满足了宏观层面的政府需要，是政府和公众理性预期目标的最佳耦合状态，体现了"解放思想、实事求是"的新时代中国特色社会主义理论体系精髓。充分就业作为当今世界各国普遍追求的最优发展状态，归根结底是有利于人的发展，充分就业具有巨大的人本主义发展意义和民本主义发展价值。充分就业首先有利于人口发展，其最大受益者是社会公众，只有中国绝大多数人口首先获得可持续发展，中国经济可持续增长和中国社会可持续进步才能从根本上获得可持续性的动力支撑。

(二) 新时代的政治制度保障与大学生职业选择

中国特色社会主义政治制度为大学生的职业选择提供了良好的制度保障。社会主义制度具有无可比拟的优越性，适应了先进生产力的发展要求，代表着最广大人民的根本利益，代表着社会主义先进文化的前进方向。人民对美好生活的追求是新时代中国共产党人追求的目标。我国政治制度代表着最广大人民的根本利益，要让人民群众实现个体价值和社会价值，需得让人民群众在自己的岗位上获得足够的生活津贴以及内心感到舒适，获得幸福感，从而促进政治社会的和谐稳定。人民群众是物质财富和精神财富的创造者和享受者，要发展社会主义先进文化就要求人民群众必须怀着积极乐观的心态，而充分就业是满足人民群众就业预期的就业前景，是追求并实现美好生活的基本保障。

充分就业是社会主义优越性的体现，也是新时代中国特色社会主义精髓的体现或要求。当前我国经济的转型发展要求每一个劳动者都能实现充分就业，从而在享受经济发展的基础上，充分发挥自己的积极性，推动经济社会向高质量方向不断前进。新时代中国特色社会主义的精髓是把人民群众的根本利益放在首位，人民群众期待充分就业。充分就业首先能够满足人民群众基本的生产生活需要，为人民群众生活提供基本的物质保障；其次充分就业是满足劳动者就业预期的就业，满足了劳动者的精神需要，让劳动者在工作中获得精神上的愉悦和心灵上的满足；最后充分就业能够有效缓解就业结构中的矛盾，因为每一位劳动者都在从事自己擅长且感兴趣的职业，有效充实了自己的生活，减少了与其他人产生争执的可能。

多年来，我党对于就业工作的重视使得中国成功应对了国内外各类经济事件的冲击，避免了社会动荡。新时期社会主要矛盾的转化意味着人们对就业质量将更加关注，能否实现高质量的就业对于人民能否建设美好生活有着重大的影响。习近平总书记明确指出，就业是永恒的课题，牵动着千家万户的生活，任何时候都要抓好。长期以来，党中央高度重视就业工作，正是因为就业是民生之本、财富之源和社会稳定之基，充分就业不仅守住了民生底线，更有助于稳住经济基本盘。

回顾新时期稳定就业促进政策的实践历程，中国共产党始终秉承全心全意为人民服务的宗旨，把实施积极就业政策摆在更加突出的位置。党的十八大报告明确提出就业是民生之本，要推动实现更高质量的就业，要实施就业优先战略和更加积极的就业政策，做好以高校毕业生为重点的青年就业工作。这意味着在新时期我党不仅仅关心就业数量的增长，更加关心就业质量的提升。对广大人民群众来说，有工作，并且能在工作岗位上充分发挥自己的才能，才是真正实现了高质量的就业，实现了人尽其才、才尽其用、人位相适、按劳付酬。

党的十九大报告强调了充分就业问题，提出就业是最大的民生，要坚持就业优先战略和积极就业政策，实现更高质量和更充分就业。2018年7月，中央政治局召开会议时提出"要做好稳就业、稳金融、稳外贸、稳外资、稳投资、稳预期工作"。"稳就业"居于首位，只有就业稳定，才能确保收入、消费、经济增长稳定发展。2019年党的十九届四中全会提出构建服务全民终身学习的教育体系，要"健全有利于更充分更高质量就业的促进机制"。2019年的《政府工作报告》提出，要实施就业优先政策，并将就业优先政策置于宏观政策层面。2020年7月，习近平总书记在给中国石油大学（北京）克拉玛依校区毕业生的回信中谈道："各级党委、政府和社会各界要切实做好高校毕业生就业工作，采取有效措施，克服新冠肺炎疫情带来的不利影响，千方百计帮助高校毕业生就业，热情支持高校毕业生在各自工作岗位上为党和人民建功立业。"中国共产党坚持将就业作为改善民生的头等大事，将促进就业作为经济社会发展的优先目标，采取多种措施扩大就业并取得了显著成就。党的十八大以来，解决6500多万人就业问题，解决2790多万下岗失业人员再就业问题，解决 880 多万城镇困难人员就业问题，在化解过剩产能过程中稳妥安置近百万职工，并在脱贫攻坚中解决了 480 多万农村建档立卡困难人员转移就业问题。2019 年城镇新增就业 1352 万人，调查失业率在 5.3% 以下，大众创业万众创新深入开展，企业数量日均净增 1 万户以上。2020 年在中国共产党的带领下，中国人民在较短时间内有效控制了新冠肺炎疫情，保障了人民基本生活。2020 年政府工作报告中提到，为了保障人民群众收益，2020 年就业优先政策要全面强化，财政、货币和投资等政策要聚力支持稳就业，努力稳定现有就业，积极增加新的就业，促进失业人员再就业，各地要清理取消对就业不合理限制，促就业举措要应出尽出，拓岗位办法要能用尽用。2020 年高校毕业生达 874 万人，党中央提出要千方百计稳定和扩大就业，加强对重点行业、重点群体就业支持。为了更好地解决就业问题，全国各属地政府采取了更加积极的就业帮扶政策，例如扩大"编制类"的招录人数，成都扩招近 3000 名应届高校毕业生进入事业单位，重点支持教育、卫生等事业发展。贵州省鼓励和引导高校毕业生面向基层一线就业，招聘、招募"教师特设岗位计划"10000 人，"贵州省万名大学生志愿服务西部计划基层项目"10000 人，"三支一扶计划"1000 人，"选调生"1000 人，"面向脱贫攻坚一线计划"1000 人，"青年见习计划"10000 人，各级各类机关事业单位在原年度用编计划的基础上，再增加 5000 个用编计划，定向招录招聘 2020 年应届高校毕业生。全国中小学幼儿教师招收 40 多万高校毕业生补充中小学和幼儿园教师岗位，"特岗教师"计划增招 5000 人，年度招募规模达到 10.5 万；2020 年硕士研究生扩招 18.9 万人，明确提出将扩大研究生以专业学位培养为主，向四类专业倾斜，将研究生扩招重点投放在服务国家战略和社会民生急需领域。研究生计划增量，重点投向临床医学、公共卫生、集成电路、人工智能等专业，且以专业学位培养为主，以高层次的应用型人才专业学位为主。

习近平总书记告诫全党"就业是最大的民生。要坚持就业优先战略和积极就业政策，实现更高质量和更充分就业"。这充分体现了党和政府对就业工作的高度重视，体现了中国共产党落实充分就业的决心和勇气。充分就业是社会主义优越性的体现，也是新时代中国特色社会主义精髓的体现或要求。

第四章　职业选择的介体

介体是指主体影响、作用于客体的中介，是把主体与客体联系起来的一系列中间要素和环节的总和。马克思主义职业选择理论所讲的介体是指为人们顺利就业提供保障的社会资源和环境配置，比如就业政策、服务体系、法律保障、评估与激励等方面。劳动者通过认同和掌握这些环节的内涵、特点，使思想和行为与其要求一致，将自己"介绍"给职业，以实现劳动者与职业的充分契合，实现自由择业、充分就业，实现社会的和谐发展。

一、职业选择的政策模式

就业政策在积极推动广泛就业，强化政府责任，促进个体、社会和企业发挥自身作用方面发挥着主导功能，其中包括调控人才供求结构的相关政策和激励创新等引导性政策。在我国，就业政策随着社会历史发展阶段的变化而变化，反映着时代的变迁。

（一）计划经济时期的"统包统分"模式

从新中国成立初期到 20 世纪 80 年代中期，我国处于计划经济时代，我国高等教育从新生招录到毕业生就业，整个过程都深深烙上了计划经济的历史烙印。学校招生需要按照国家指令性计划执行，学生毕业就业也要按照国家指令性计划分配，就业的大学生和用人单位都无法或不可能进行自主选择,让你去哪里就去哪里,给单位分配谁就必须接受谁。这就是那个时期人们所熟知的"统包统分"模式。这种就业模式与当时所处的经济体制直接关联,带有极强的计划经济烙印。在这种就业模式下,学生按照国家实际需要,由国家统一负责安排就业,这种就业模式的产生和完善是随着我国当时计划经济体制的发展,适应于我国当时历史时期的计划经济体制,体现了社会主义制度的优越性,在当时的社会环境下发挥了积极的历史推动作用,促进了社会的进步和发展。这种就业政策的思想精髓在于以国家利益为先为重。特别是在新中国成立初期,一切社会活动都必须服务于国家利益,国家利益高于一切,一切以国家利益为价值导向。在当时的历史时代下,它产生了非常积极的影响,既保障了国家建设对人才的迫切需要,又使我国各地区人才需求不平衡的状况得到了一定程度的改善,进一步保障了国家的安全稳定。

这种全面管控大学生就业全局的体制机制,"统筹安排、集中使用、保证重点、照顾一般"的就业分配方针,在国家的宏观调控中发挥着极其重要的作用,让不同领域的专业人才得到了及时的补给,将大批建设急需的人才输送到边远地区和较为艰苦的行业,保障了新中国建设初期紧缺人才的供给①。

国家"统包统分"使得大学生毕业自然地拥有工作岗位,体现了社会主义的优越性,以良好的社会环境促进了高校稳定发展;使得用人单位按照计划获得了需要的高素质人才,为单位的长远建设提供了人力保障。学生按时就业,全员落实,既缓解了就业压力,又消除了家长和学生的后顾之忧,也使得其他在学校的大学生可以安心学习且愿意接受组织安排,为社会主义事业建设贡献自己的力量。

---

① 吴庆:《演变、定位和类型——中国大学生就业政策分析》,载《当代青年研究》2005年第2期,第7—13页。

在"统包统分"阶段国家就业政策就是国家利益高于个人利益的大学生就业政策。实践检验证明,这种就业政策在当时的计划经济体制下,为国家经济建设和社会迅速发展发挥了重要的推动作用,但同时也强硬地过分强调了国家和社会的需要,较少考虑个人和家庭的感受。

(二)经济转型时期的"双向选择"模式

改革开放以来,伴随着深化经济体制改革和社会主义市场经济的快速发展,以及新的劳动人事制度的建立,计划经济时期的"统包统分"就业制度与新的经济运行机制之间的冲突越来越明显,旧的就业分配制度已不适应形势的发展。中共中央于1985年5月27日颁布了《中共中央关于教育体制改革的决定》(以下简称《决定》),它标志着高校毕业生就业政策改革工作正式开始。《决定》明确指出,国家统招的大学生毕业时应当在国家统一的计划指导下,参考学生本人的志愿,结合学校的推荐意见,由用人单位来做最终选择,确定是否聘用。自此,高校毕业生就业政策就变成了以"供需见面"为主要形式,以"双向选择"为指导目标。1989年至1993年,国务院又陆续出台了《高等学校毕业生分配制度改革方案》《中国教育改革和发展纲要》,明确了对"统包统分"的就业制度的改革,并对新的就业制度作出了解读。改革之后,除少数大学毕业生由国家分配就业外,大部分大学毕业生通过各级各类人才市场,按照"供需见面、双向选择"的就业政策就业。

"双向选择"的就业政策促进了人才资源合理配置的实现,其与经济发展的需要相适应,有效地促进了我国的经济发展[1]。从用人单位角度看,也有了更大的选择权,用人单位可根据实际需要择优录用,这也有助于用人单位乃至全社会形成尊重知识、爱惜人才的新风尚。从高等

---

[1] 吴庆:《演变、定位和类型——中国大学生就业政策分析》,载《当代青年研究》2005年第2期,第7—13页。

学校角度看，培养什么人、怎么培养人更加明确，其办学的自主权得到了提升，有助于教育教学改革的推行，有益于提高高校按照社会需要去培养人的能力。从毕业生角度看，让其选择职业时拥有了更多的选择机会，从思想观念上由"靠国家"转变为"靠自己"，有助于学生提升竞争意识，促使其认真学习、发挥自身优势，自觉按照党和人民的需要来锻炼和培养自己，成为国家需要的栋梁之材。

在新的就业政策之下，相较原来从招生到就业按指令性计划执行的局面，国家对毕业生就业的管控逐渐放松。新就业政策下，从毕业生本人到高校再到用人单位，每一方所拥有的自主选择权利和选择机会都在逐渐增多，这种就业形式与我国经济体制转轨、改革开放的实际需要更相适应。

（三）社会主义市场经济时期的"自主择业"模式

随着我国改革开放的不断深入，社会主义市场经济体制已建立并在不断完善，"双向选择"的就业政策已逐渐成为一项过渡性的就业政策，以"自主择业"为主要特征的高校就业政策正在逐步形成。

从1998年开始，第一批由自己或家庭缴费上学的毕业生通过人才市场按照"自主择业"的就业机制，选择自己满意且合适的工作岗位。国务院颁布印发的《关于做好1998年普通高等学校毕业生就业工作的通知》中指出，将逐步建立与改革开放后市场化相适应的教育教学新体制，首次提出，积极支持和鼓励集体企业、私营企业、联营企业和股份制企业接收大学毕业生。

2002年教育部就业政策中明确指出"允许毕业生自主择业，且不受地域限制，可跨省（自治区、直辖市），跨地（市）择业"，这是大学生就业完全市场化开始的标志。从那时起，大部分毕业生都依靠个人的能力、条件去竞聘工作，而不是依靠国家的行政手段来保障就业；用人单位也不能依赖国家行政命令给予人才薪酬补给，而是通过良好的工作条件和优厚的福利待遇来吸纳优秀的人才；学校通过提供招聘场所、指导和服务于学生就业等工作，为大学生就业提供服务。①

在这个阶段，注重市场需求的引导作用，进一步增强就业政策科学化和人性化，充分体现了市场的需要和个人价值。在此阶段，市场运行为一切活动的基础，将毕业生就业制度与市场需要紧密结合，让用人单位和毕业生都拥有了较大的自主选择权。除了一些事业单位须考虑年度编制数额的限制，其他用人单位可以根据实际需要接收不同专业不同学历的人才。这一阶段的就业政策最大程度地放宽了对个人与用人单位的限制，使毕业生个体的价值和高校及用人单位的自主权在激烈的市场环境下得到了充分的体现。

"自主择业"就业政策尊重个体，鼓励个体发挥自身优势，充分实现个人价值和社会价值，是一种体现毕业生主动性的就业政策。在自主择业阶段，就业政策的制定紧密结合国家市场经济的发展，以就业市场需求为导向。国家发布政策尽可能为毕业生提供一个自主择业的就业环境。在这个阶段，放在首位的是人的主观能动性，同时，社会的需求和教育重要性得到进一步强化。就业政策为毕业生提供了如考研、创业、参军、出国深造等不同的就业方向和途径，毕业生受国家就业政策的引导，在充分考虑就业单位和就业地点的利弊之后，作出自主的选择。通过国家营造的市场环境充分地体现、激发了毕业生个人的主动性。

"自主择业"就业制度在管理水平、专业设置和教学水平等方面对学校也提出了更高的要求。毕业生在进入人才市场去竞聘岗位时，必须依靠个人实力，而这实力主要源于学校所给予的教育和培养。因此，学校的专业设置的合理性、教学水平的竞争力及管理水平的高低，都将决

---

① 吴庆：《演变、定位和类型——中国大学生就业政策分析》，载《当代青年研究》2005年第2期，第7—13页。

定着学生就业时的竞争力。

学生自主择业为学校的发展、改革方向提供了重要参考，推动学校的教育教学改革深入发展。学校通过总结大学生就业市场或人力资源需求市场的实际需要情况和大学生在就业过程中的成败情况，进而调整专业设置、课程设置，提高教学水平，完善教育管理培养制度，同时进一步强化大学生的就业指导和服务工作，在大学生就业工作实践中不断得到反馈，不断改进和发展，形成良性循环机制。

（四）共享经济时代的"自主创业"模式

几乎与上述"自主择业"历史阶段相一致，随着我国改革开放的深化，特别是全球共享经济的快速发展，创新创业地位更加突出，因而在大学生就业方面，"自谋职业""自主创业"成为核心和亮点。

从20世纪80年代初开始，我国大学生新型的就业创业活动开始并迅速发展起来。1983年在美国得克萨斯大学奥斯汀分校举办的大学生首届商业计划竞赛活动，拉开了全球范围内大学生自主创业的序幕。我国大学生创业活动虽然宣传动员早，但是在改革开放以后才逐步进入发展轨道。1998年清华大学举办的大学生"创业计划竞赛"活动，标志着我国大学生自主创新创业活动的开始。1999年高校全面扩招以后，面对日益严峻的就业形势，党和国家高度重视大学毕业生的创新、创业活动，相继出台了一系列的政策和意见。在《国家中长期教育改革和发展规划纲要（2010—2020年）》中鲜明地提出了"促进以创业带动就业""提高自主创新能力，建设创新型国家"的战略规划，要求各部门各行业下大力气贯彻实施，同时明确指出要在高等学校大力推进创新创业教育。教育部分别于2010年、2012年专门下发了《关于大力推进高等学校创新教育和大学生自主创业工作的意见》和《普通本科学校创业教育教学基本要求（试行）》的文件，2015年国务院颁发了《关于加快构建大众创业万众创新支撑平台的指导意见》以及《关于进一步做好新形势下就业创业工作的意见》，等等，这一系列国家层面上的鼓励政策和指导意见，从政策的不同方面强有力地鼓励并支持高校大学生积极开展各类创新创业活动，并将自主创业这一形式作为提升高等学校就业工作和全面检验教学质量的重要方面，要求各个高校从组织机构、就业教育等各个方面提供面向学生的创新创业支持，鼓励各个高校开发多种形式的学生自主创业项目。

在国家政策的引导下，各省市也相继出台了各种类型的地方性配套就业政策，积极创造与政策相关的支持条件，推进本地区内大学生创新创业活动的开展。例如，2015年5月，黑龙江省颁布的《黑龙江省人民政府关于促进大学生创新创业的若干意见》，就通过减免优惠政策、降低创业准入门槛等政策措施来鼓励大学生群体创新创业。2015年7月，陕西省下发的《关于进一步做好新形势下就业创业工作的实施意见》，对新时期全省的就业创业工作做了全面安排和部署。2015年11月，甘肃省颁发了《甘肃省深化高等学校创新创业教育改革实施方案（试行）》，通过改革教育教学和学籍管理制度、实施弹性学制、放宽大学生修业年限、设立大学生就业创业奖学金制度等，全面支持和鼓励大学生自主创业。2015年12月，哈尔滨市也相继出台了《哈尔滨市大学生创新创业工程实施方案》，从场地、项目、人员、资金、指导及配套服务等各个方面给予大力支持，甚至是无偿提供，吸引大学生投入创新创业活动。这些政策的落实和执行增强了学校对创新创业工作的重视，激发了大学生进行创新创业活动的潜能和热情，促进了创新创业成果的形成。

自主创业这一理念逐步被大学生所接受，越来越多的大学生将其付诸实践。通过自主创业，实现了就业，大学生既解决了自身的就业问题，还为他人创造了新的就业岗位，获得了更多的成就感，助力社会就业矛盾的解决，为社会政治稳定、经济发展作出了贡献。自2016年起，中国人民大学连续编写发布《中国大学生创业报告》，以全国范围的抽样调研为基础，科学分析大学生创业的新形势与新挑战，坚持研究总结大学生的创业意愿和创业动机，系统分析大学生的创业绩效和政策支持，成为大学毕业生创业和各高等学校深化双创教育的有效参考。仅从中国人民大学首次发布的《2016 中国大学生创业报告》就可以看出，有自主创业的想法和冲动的在校大学生占比 89.8%，有强烈的自主创业意向的在校大学生占比 18.2%，正在创业或者曾经有过自主创业经历的在校大学生占比近 28%[1]。从以上数据可以看出，大多数高校毕业生有选择自主创业的意向，甚至部分学生在校期间就已经有了自主或参与共同创业的相关经历。随着国家中央到地方政策的加强，高校毕业生自主创业的大环境已经有了很大的改善，无论是硬件设施保障还是软文化宣传，政府、社会、高等院校等都为高校毕业生自主创业提供了强大的后备力量与社会支持。同时，不同地区的创业环境的差异也正在不断缩小，国家整体的创业环境越来越接近发达国家并在不少方面实现了超越。

（五）新时代万众创新大众创业模式

在全球经济下行、我国社会转型升级的关键时刻，党中央、国务院从战略高度出发吹响了"大众创业、万众创新"的号角。新时代推进大众创业、万众创新模式的形成，对推动经济高质量发展、激发社会发展活力等具有极其重要的意义。推进大众创业、万众创新，是发展的动力之源，也是富民之道、公平之计、强国之策，对推动经济结构调整、打造发展新引擎、增强发展新动力、走创新驱动发展道路具有重要意义，是稳增长扩就业、激发亿万群众智慧和创造力的重大举措。推进大

---

[1] 王路江、马俊杰：《大学生择业影响因素分析》，载《中国教育报》2001 年 6 月 13 日，第 8 版。

众创业、万众创新,是培育和催生经济社会发展新动力的必然选择。在资源环境问题日益严重的今天,传统的高投入、高消耗、粗放式发展方式已难以为继,推进大众创业、万众创新,支持各类市场主体不断开办新企业、开发新产品、开拓新市场,培育新兴产业,打造新引擎,形成新动力。推进大众创业、万众创新,是扩大就业、实现富民之道的根本举措。通过创业增加收入,让更多的人富起来,促进收入分配结构调整,实现创新支持创业、创业带动就业的良性互动发展。推进大众创业、万众创新,是激发全社会创新潜能和创业活力的有效途径。

新时代,创新创业政策不断加强、拓展。在第八届夏季达沃斯论坛上,李克强总理提出,"近几年,中国经济之所以能够保持持续发展,向着健康方向前进,主要动力还是来自于改革创新""借改革创新的'东风',在中国960万平方公里土地上掀起一个'大众创业''草根创业'的新浪潮,中国人民勤劳智慧的'自然禀赋'就会充分发挥,中国经济持续发展的'发动机'就会更新换代升级",这是中国首次提出"万众创新""人人创业"的发展理念。2015年政府工作报告中李克强总理指出要"打造大众创业、万众创新和增加公共产品、公共服务'双引擎',推动发展调速不减势、量增质更优";2017年发布的《"十三五"促进就业规划》中指出,"就业是最大的民生,也是经济发展最基本的支撑。坚持实施就业优先战略,全面提升劳动者就业创业能力,实现比较充分和高质量的就业,是培育经济发展新动能、推动经济转型升级的内在要求,对发挥人的创造能力、促进群众增收和保障基本生活、适应人们对自身价值的追求具有十分重要的意义"。2018年9月18日,国务院下发《关于推动创新创业高质量发展打造"双创"升级版的意见》,对于大众创业、万众创新给予高度肯定,认为创新是引领发展的第一动力,是建设现代化经济体系的战略支撑。

大众创业、万众创新以创新驱动为重要引擎,对促进实现经济由高速发展向高质量发展发挥了重要作用。进入新时代,我国大众创业、万众创新热潮不断兴起,推动了社会经济结构的变革,加快了经济增长的速度,促进了创新创业技术的提高,为提高劳动生产率和全要素生产率提供了有力支撑。以质量变革为重要目标,以人民对美好生活需求为根本目标,以高质量发展为主线,推动供给侧结构性改革,通过供给质量的提高,满足人民对产品日益增长的需求。大众创业、万众创新助推了企业家精神的培育。"大众创业、万众创新"的号角一经吹响,就有一大批企业家加入了创新创业的浪潮之中,企业家作为经济高质量发展的主体,充分发挥积极性主动性,对我国经济转型发展具有重要作用。大众创业、万众创新对于营造创新的就业创业环境和激发市场主体活力有积极作用。它不仅有利于构建良好的创新创业生态平台,而且便捷的创新创业孵化平台和高效顺畅的要素供给机制还在此过程中不断得到完善和发展,为小微企业的发展营造了良好的生存成长环境。创新创业加快了政府职能转变。政府在推动创新创业发展的时候既不能"缺位",也不能"错位"和"越位",而要进一步简政放权、优化服务,创新创业对推动政府向有为政府的转变和提升发挥着重要作用。

  创新创业政策有力地带动了就业工作。国家对于创新创业的支持也带动各地就业发展。河南省扶持外出务工人员返乡下乡创业20万人,带动就业200万人,发放创业担保贷款50亿元。云南省2017年起每年重点培育建设3个省级创业园示范基地,给予不超过500万元的补助资金;2018年,为了鼓励创新创业带动就业,山东省出台了相关政策,不低于70%的成果转化收益要用于奖励科技人员。新疆维吾尔自治区更是利用"一带一路"历史机遇和大众创业、万众创新的发展机遇,创办"白杨杯"双创节暨创业创新大赛,使得创新创业促进就业。湖北省直接在发布的《关于做好新形势下就业创业工作的实施意见》文件中,出台了创新创业促进就业的"全面落实就业优先战略、全力推进大众创业万众创新、突出做好高校毕业生等重点群体就业工作、提升就业创业服务水平、完善就业创业工作机制"等5个方面28条意见和建议。

创新创业成效显著。国家对于创新创业的鼓励使得市场主体活力充分激发，创新创业带动就业效应显著增强。一大批创新型企业快速成长，市场主体呈现爆发式增长态势。2015届全国高校毕业生创业率为2.86%，63.54%的大学生创业者认为"鼓励大学生创业的政策对大学生创业很有作用"；2016年城镇就业人员实现大幅上涨，近年来农民工、大学生创业超过500万人，海归们也踌躇满志纷纷回国奋斗；2018年我国平均每天新增的企业数达到1.81万户，市场主体的总量第一次超过了1亿户，有力带动了高质量就业。1.2万家创业孵化载体年均吸纳就业人数约400万人，其中应届毕业生占比超过14%。重点就业群体中，农民工返乡创业就业群体持续壮大，截至2018年，各类返乡下乡创新创业人员累计达780万，返乡下乡人员50%以上利用信息技术创新创业，近90%是联合创业，创新创业热潮带来了巨大的社会效益。

新时代大众创业、万众创新有效地改善了大学生的就业环境，为大学生提供了更多的发展机遇，大学生创新创业能力的提升得到高校的广泛认可，配套教育课程设置增多，高校毕业生的创新创业能力和意识都有显著提升。基于互联网等方式的创业创新蓬勃兴起，众创、众包、众扶、众筹等大众创业、万众创新支撑平台快速发展，新模式、新业态不断涌现，线上线下加快融合，这些对接受新事物比较快的大学生群体的生活方式、生存方式及其能力等都产生了广泛而深刻的影响。

综上所述，新时代大众创业、万众创新在充分调动个人创新创业积极性的基础上，协调推动经济、政治、文化等方面的发展。大众创业、万众创新以个人为主体，充分发挥国家、社会、企业、市场、高校的优势，促进经济生活在协调有序中实现优化、转型升级。

综合以上分析，从新中国成立初期到现在，高校毕业生就业制度发生了巨大的变化，不再是以国家利益为主要导向，而是强调平衡相关方利益，充分调动了国家、用人单位、高校以及毕业生个人的主动性，让各方受益，促使就业更加健康有序发展。

二、职业选择的服务保障体系

职业选择的服务保障体系包括就业工作的领导机构、指导机构，为就业者提供渠道的职业介绍中心、人才交流市场，以及提供就业信息，办理就业手续的部门，等等。我国的就业服务体系，是中国特色的公共服务体系的重要部分，不同时期就业服务体系的具体内容和形式与当时的就业政策和就业模式有着密切的联系。

（一）计划经济时期的就业服务体系

建国初期，与高度集中的劳动就业制度相适应的就是高度集中的就业分配体系。具体负责就业分配体系的中央组织机构经历了多次变迁。1949年，在财政经济委员会指导下，政务院劳动部成立，负责主持国家劳动行政事宜；作为政务院的直属机构，政务院人事局成立，负责管理由政务院所任免的政府工作人员的人事事务及政务院机构人员的薪酬等工作。1950年，成立人事部，统一管理干部，以便于人事政策和人事制度的统一。1954年国务院设置劳动部，统一管理全国劳动工作，对国务院所属各部门的劳动工作进行监督和指导，对地方劳动部门的工作实行领导，并且通过地方劳动部门监督和指导各企业、事业单位的劳动工作。期间经过多次变迁，到1982年时成立了由国务院直接领导的劳动人事部，该机构主要有两大职责，第一是要综合管理全国的劳动人事工作，第二是要结合国家的经济体制改革，配套做好劳动、工资、人事制度等方面的改革工作。不断调整的组织机构，体现着国家对执行计划就业工作管理机构的高度重视，也反映着这一时期就业工作的着力点。这一时期的组织机构在中央为劳动、人事部门，在各单位也相应地设置有劳动、人事部门，各单位在中央的领导下开展工作，执行计划分配、安置任务。

这一时期，我国的就业人口被分为农村和城镇两个群体。农村发展"以粮为纲"，限制了多种经营和乡镇工业发展，政府不负责农民的就业。城镇居民的就业主要通过行政手段配置。首先，国家对城镇劳动者实行统包就业，同时限制个体私营经济发展，形成了全民单一的就业渠道。其次，与劳动力的计划管理和大学生就业统包统分方式相适应，国家对用人单位的用人数量和招收范围实行了严格的审批，用人单位对接纳和使用什么样的劳动者没有选择的余地。再次，国家对劳动力进行统一调配，不存在劳动力市场。劳动者一旦就业，就很难变更工作单位，难以流动。

在计划经济下，劳动者就业实行国家分配体系，劳动者职业选择的空间几乎没有，普遍的情况是一业定终身。这种大学毕业生"包当干部"的体制也影响了大学生个体自主择业思想的发展和行为的开展，限制了职业自主选择的实现。

(二) 经济转型时期的就业服务体系

伴随着我国从计划经济开始向市场经济转型，就业制度也随之发生了很大变化，与之相应的就业服务体系也开始冲破计划经济体制的藩篱。

这一时期的就业组织部门主要为国家组织机构。主要变迁：1982年，在国务院领导下，合并原来的劳动总局、国家人事局、国家编委和国务院科技干部局四个机构，统并成立劳动人事部，该机构的主要职能是实现劳动人事工作的综合管理和推进劳动、工资、人事制度的改革，为实现四化服务。1988年国务院实行机构改革，撤销劳动人事部，将其分设为劳动部和人事部。这一时期，在就业组织机构上主要有中央部门和各单位设置的劳动人事部门组成。

20世纪80年代初,国家突破了"统包统配"政策及由此形成的单一就业渠道的就业制度,开辟了多条就业渠道,由劳动部门介绍、组织资源,就业者自己寻找职业,逐步形成了劳动者多元就业的新景象,为劳动者自主择业提供创造了一定的政策扶持和社会环境。1986年,国务院出台《国营企业招用工人暂行规定》,明确提出企业招用员工,要面向社会,公开招收。这一规定,把有资格参加选择的员工范围扩到了企业以外,用竞争机制代替了原有的内部招录机制,同时改变了企业只能被动接受的局面,给予企业一定的招工自主选择权力,这样逐步形成了企业公开选择员工、员工也可选择企业的双向选择模式。同时,国务院还发布《国营企业实行劳动合同制暂行规定》,进一步将公开招用员工的模式推广到所有全民所有制的新增员工。1992年,党的十四大通过改革确立了社会主义市场经济体制的目标,计划经济在经济生活的各个方面逐渐减弱。1993年,党的十四届三中全会决定,在劳动力和就业市场上,要突出市场化,将人力资源的充分开发利用和合理配置调度作为基本出发点。自此,劳动就业制度的市场化日渐增强,指令性、计划性的劳动就业制度不断减弱,计划分配的管理方式逐渐地被更多的事业、企业单位所抛弃。

这个时期,实行的是国家分配主导兼有单位和个人少量双向选择的就业服务体系。国家总体上仍然规定企业"必须在国家劳动工资计划指标之内"招用工人,但国家已经赋予企业在一定范围内有用人的自主权和劳动者的一定的选择权,自主择业体系得到一定的发展。大学生的就业仍然以"安置就业"为主,"分配管理"仍然是大学生就业的主要方式。

(三) 市场经济时期的就业服务体系

市场化的就业服务体系突出显示着让市场配置劳动力的供给和需

求,为劳动力的自主择业、就业、充分流动提供了实实在在的保障。

在国家层面的管理机构变迁主要有,1998年国务院增设了社会保障部;2008年,将人事部、劳动部合并组建人力资源部,同时保留原有的社会保障部,这两个机构相辅相成,负责统筹拟订国家在人力资源管理和社会保障方面的配套政策,完善社会劳动收入分配制度,健全公共就业服务体系,组织实施劳动监察,等,健全就业公共服务体系也首次被明确地提出来。

2000年,《劳动力市场管理规定》由劳动和社会保障部公开发布并开始施行,该规定把大学生就业全面纳入全社会大就业体系。该文件从劳动者和用人单位双方的合法权益保护方面,从人才市场和劳动力市场的健康发展和规范管理方面入手,着力推进大学生就业工作在市场经济条件下的快速健康发展。不仅如此,该文件还明确规定了用人单位可以采用的招工信息发布途径,如职业介绍机构、交流洽谈会、传播媒介刊物、利用互联网以及其他的由法律法规所允许的途径,文件还规定了用人单位在招聘人员时不允许的行为。同时,该文件进一步规范了原属于劳动保障部门的职业介绍所的管理,从开办条件、从事业务、禁止行为以及必须免费提供的公共服务等方面作出规定。随着相关文件执行的不断推进和国家改革的不断深化,国家逐步成立了各级人力资源管理部门,这些部门由国家人力资源和社会保障部领导,还组建了各级人才交流市场,并进一步鼓励大众创业、就业。在高校,毕业生就业服务管理机构也经历了从毕业生分配办公室到就业中心再到创业就业服务中心的演变。在社会上,出现了包括就业咨询、就业培训、就业指导甚至就业相关手续代办的服务机构。网上就业平台的搭建,使就业的地域也日渐扩大,跨省、跨国就业均已成为常态。

在大学生就业方面,原国家教育委员会(简称国家教委)于1991年成立了全国高等学校毕业生就业指导中心,各地和高校也都根据国家教委的要求建立了相应的毕业生就业机构。国家教委高校毕业生就业指导中心创办了《大学生就业》杂志，为各方在就业政策、就业改革、就业服务、就业经验、就业活动等方面提供交流指导。1994年起，全国高校毕业生就业指导中心发出通知要求各高等学校开设就业指导选修课，对学生进行就业指导教育，并于1997年进一步制定了《大学生就业指导教学大纲》，形成了从中央到高校到学生，涵盖大学生就业核心人群和就业指导过程的相对完整的格局。

2002年，为落实高校大规模扩招后的第一批毕业生的就业，教育部、公安部、人事部、劳动保障部多部门联合发布了《关于进一步深化普通高等学校毕业生就业制度改革有关问题的意见》，高校根据意见要求普遍进行了就业机构、工作职能以及指导内容的转变。其中，就业机构方面，"毕业生分配办公室"改为"就业服务中心"，再进一步改为"创业就业服务中心"，在名称上，突出就业、指导和创业。在工作职能方面，由过去的管理学生按计划分配为主变为以指导服务学生就业为主。在就业指导内容上，逐步开始从单一的就业指导转向全面的指导，包括就业政策辅导、就业技巧和就业程序指导、职业道德培养、公务员报考指导、推荐表与自荐材料的制作、公关礼仪等，以全面提高毕业生的就业能力为重点。

在这一时期，就业服务体系终于越过计划分配政策的诸多限制，向市场经济下的就业服务体系快速转变，就业择业变得更加方便，基本实现了择业自由。在大学生就业方面，党和国家、高校对大学生就业指导工作日益重视，成立了各级各类相对完整的大学生就业指导服务体系，重新确定了工作职责，调整了工作内容，这些都为大学生进行职业选择提供了政策和物质支持，为大学生进行有效理想的职业选择创造了更加广阔的空间，增强了大学毕业生进行职业选择的能力。

（四）全球共享经济时期的就业创业服务体系

在全球共享经济下，近年来全国上下共同努力，我国大学毕业生人数持续增加，毕业生就业率始终保持在较高水平，未就业（失业）率保持在较低水平，大学生的就业途径也不断增加，就业政策、就业服务体系、就业监督评估机制等不断完善，大学毕业生就业的质量也稳步提升。

为了实现中华民族伟大复兴的中国梦，提高人民生活水平，全面同步迈进小康社会，党和政府必须坚持就业优先战略，实施更加积极的就业政策，大力推动大众创业、万众创新，提供优质公共服务，营建良好环境，才能确保就业大局持续稳定。大众创业、万众创新已经成为推动经济增长的重要引擎，已经成为扩大就业、改善民生的重要途径，所以加速完善建设就业创业服务体系建设成为当务之急。

为适应全球共享经济发展需要，我国要逐步建立健全均等化、专业化、信息化的公共就业服务体系。习近平总书记、李克强总理亲自抓就业创业，更是逐一落实就业创业政策，下大力气解决民生问题。从政府层面看，上至党中央、国务院有专门工作部门，国家相关部委包括人力资源和社会保障部、教育部、财政部、共青团中央、中华全国妇女联合会、中央军委、中国残疾人联合会等，各省市县也有相关职能部门，再延伸到各基层街道乡镇居委会，这些政府各级部门均相继成立了专门面向未就业大学毕业生的各级各类创新创业教育、服务及协调机构，助力未就业大学毕业生开展各种形式的就业创业活动。近年来，"双创"活动在全国各地如火如荼地展开，由政府部门牵头、广大企业和高校积极参与的三方联动，共同构建毕业生创业服务体系。在这个服务体系中，政府起主导作用，通过设立协调机构，联合高校开展多方联动的大学生创新创业教育，从而为政府的政策制定和经费投入提供依据。通过逐步完善政府、社会对大学毕业生创新创业者的各种服务保障机制，消灭创新创业过程中的各种障碍和壁垒，不断促进大学毕业生创新创业活动的积极开展，将为大学毕业生创新创业服务打造"多方联动一站式"服务体系。

从教育系统看，从教育部到各高校、各院系学生管理服务部门纵横交错，层层把关。各高校近年来也逐步将原来的就业指导机构或就业指导服务中心，变身为就业创新创业的专门管理和服务机构。虽然表面看起来只是机构的名称发生了改变，但是机构名字改变的背后蕴含着更深层的管理理念的改变，更加突出高校对大学生就业创新创业的重视。在高校新的管理服务体系中，通常由学校党政一把手亲自挂帅，教育专家以及相关职能部门负责人积极参与，学生骨干将政策和信息传达到每一位毕业生。高校通过积极与国家和各级政府设立的各类管理服务组织机构进行沟通交流，认真履行开展就业创新创业中心的具体工作职责，不仅包括为大学生提供就业创业创新专业技术知识、法律法规和管理等方面的相关培训学习，而且还将创新创业教育在大学生群体中逐渐普及，通过整合资源、拓展渠道扶持毕业生的创新创业项目，推广宣传其中的成功案例与经验，为其提供便利条件，而且还负责创新创业类相关社团的管理工作。

综上所述，我国的就业服务体系经历了从计划到市场、从国家决定到个人自主选择的不断演变的过程，在整个过程中，劳动者自主择业的空间越来越大，大学生的择业能力也进一步增强，政府的服务型功能进一步彰显，并且逐步形成了各种以大学毕业生为主的专业性就业服务市场，相关的政府主导的就业服务体系越来越丰富。新时代就业服务体系呈现专业化、服务型、多渠道、全方位各显其能的态势。

三、职业选择的法律保障体系

近年来，依法治国，建设法治政府成为政府和人民群众的共同期待,我国不断完善在经济领域当中的立法,而且不断加强社会领域方面的相关立法工作,尤其在促进就业立法方面加大了力度。就业立法的目的是规范就业市场秩序,它是国家解决就业方面问题的政策措施,也是政府促进就业的法律手段。从立法的内容来看,主要以充分实现就业、进一步保障就业市场的公平竞争和力求保护失业人群为前提。从20世纪90年代颁布实施的《中华人民共和国劳动法》,到《中华人民共和国劳动合同法》《中华人民共和国就业促进法》《中华人民共和国职业教育法》和《中华人民共和国劳动争议调解仲裁法》,不断引起社会的积极响应;国务院也先后颁布实施一系列法规,包括《失业保险条例》《女职工劳动保护特别规定》《劳动保障监察条例》《社会保险费征缴暂行条例》《职工带薪年休假条例》以及《残疾人就业条例》等,将多个国际劳工公约纳入就业制度范畴,包括《消除就业和职业歧视公约》《准予就业最低年龄公约》等。这一系列举措使得劳动者的就业基本权益得到了可靠保障。出台的《中华人民共和国就业促进法》更进一步明确了促进就业相关的政府职责和工作机制,国家宏观调控目标之一就是将就业工作放在经济社会发展的突出位置。

进入新时代,党和国家明确了全面推进依法治国的总目标是建设中国特色社会主义法治体系,建设社会主义法治国家。坚持依法治国要坚持完善以宪法为核心的中国特色社会主义法治体系。《中华人民共和国民法典》(以下简称《民法典》)的实施,进一步完善了我国的法律体系,其中虽没有直言职业选择的相关法律条款,但许多法律条款中均蕴含着职业选择的内容。《民法典》的颁布,对于促进依法治国,对于劳动者权利与权益的保护、劳动争议等都将发挥着重要作用。

(一)依法保证公民劳动权利

《中华人民共和国宪法》(以下简称《宪法》)是我国的基本大法,它"拥有最高法律效力,是一切法律建立的基础和依据。全国各族人民、一切国家机关和武装力量、各政党和各社会团体、各企业事业组织,都必须以宪法为根本的活动准则"①。对于公民劳动的权利和义务在第四十二条作了明确规定。"国家通过各种途径,创造劳动就业条件,加强劳动保护,改善劳动条件,并在发展生产的基础上,提高劳动报酬和福利待遇。劳动是一切有劳动能力的公民的光荣职责。国有企业和城乡集体经济组织的劳动者都应当以国家主人翁的态度对待自己的劳动。国家提倡社会主义劳动竞赛,奖励劳动模范和先进工作者。国家提倡公民从事义务劳动。国家对就业前的公民进行必要的劳动就业训练。"

《中华人民共和国劳动法》(以下简称《劳动法》)于1995年1月1日起施行,该法根据宪法规定制定,目的是通过调整劳动关系,建立和维护适应社会主义市场经济的劳动制度,从而保护全体劳动者的合法权益,促进经济发展和社会全面进步。该法中明确规定了签订劳动合同的双方当事人的权利和义务,并且更偏重对于双方中处于弱势一方的劳动者的合法权益的保护。该法明确规定:"劳动者享有平等就业和选择职业的权利、取得劳动报酬的权利、休息休假的权利、获得劳动安全卫生保护的权利、接受职业技能培训的权利、享受社会保险和福利的权利、提请劳动争议处理的权利以及法律规定的其他劳动权利。""劳动者应当完成劳动任务,提高职业技能,执行劳动安全卫生规程,遵守劳动纪律和职业道德。"

新颁布的《民法典》对于劳动者的权利的保护更加系统,针对性更强。《民法典》规定了什么样身份的人可以成为用人单位。《民法典》的第五十六条、五十七条、八十七条、九十六条和一百零二条说明个体工商户、法人、非营利法人、特别法人、非法人组织可以成为用人单位。所以,在职业选择的过程中,公民可以就职于不同性质的单位。

---

①《中华人民共和国宪法》,吉林人民出版社2006年版,第5页。

《民法典》明确了就职者在用人单位的各项权利。《民法典》第一百一十四条规定用人单位不得扣押劳动者的身份证和其他相关证件。第一百一十五条规定乘人之危受胁迫所签订的用工合同无效。第四百四十七条规定劳动者与用人单位发生劳动争议时，不得私自留置并处置用人单位的财产等。

（二）依法促进就业

《中华人民共和国就业促进法》（以下简称《就业促进法》）于2008年1月1日起施行，该法的目的是促进充分就业，促进经济发展与扩大就业相协调，促进社会的和谐稳定。它对促进就业政策法律化、反对就业歧视、针对困难群体实行就业援助等有了明确要求。该法为了充分发挥国家宏观经济社会政策在促进就业工作中的重要作用，在实际中切实解决劳动力供求总量矛盾和劳动力结构性矛盾突出的问题，法律对促进就业方面的政策扶持作出了明确规定。《就业促进法》对建立促进就业的长效机制、反对就业歧视、完善就业援助的措施规定等做了进一步细化，切实保护了弱势群体在就业过程中的权益。这对那些在就业过程中受到歧视的劳动者来说就是福音。该法采取了多项措施规范就业市场，使其公平公正，以更好地实现就业上的平等，这无疑是劳动者能够实现平等就业的新的权利保障书[①]。

（三）依法保障劳动者权益

《中华人民共和国劳动合同法》（以下简称《劳动合同法》）于2008年1月1日起施行，制定该法的目的是通过完善劳动合同相关制度，进一步明确规范劳动合同双方当事人的权利和义务，构建和谐稳定的社会劳动关系，从而切实保护劳动关系双方的合法权益。该法又于2012年12月28日由全国人民代表大会常务委员会进行了修订，自

---

① 《中华人民共和国就业促进法》，中国法制出版社2007年版，第9页。

2013年7月1日起施行。根据新修订的《劳动合同法》的相关规定，用人单位在聘用劳动者的时候必须签订劳动合同，而劳动合同所签订的期限包括试用期，劳动双方实行试用期的目的是便于用人单位和劳动者在互不了解的情况下约定相互考察期，进行双向选择。但在实践中用人单位经常会在试用期中故意压低员工工资，甚至是拖欠工资、不支付工资，现在有了劳动合同的保障，大学生在这一阶段中的工资权益就得到了保护。大学生毕业后初次就业难度较大，而现在，只要被雇佣就要签订劳动合同，这一规定对于刚毕业大学生的初次就业、灵活就业和稳定就业都有正向的积极意义。按照《劳动法》的规定，用人单位在与劳动者签订合同时，应该向劳动者如实告知与订立和履行劳动合同有直接关系的相关事实情况，如用人的具体要求、工作的岗位和内容、劳动报酬、劳动条件以及工作方面的规章制度等，这样的规定在切实保护大学生就业权益方面起到了积极作用。但还有一些因素直接影响了高校毕业生就业的合理有序流动，诸如用人单位在用人过程中，与劳动者随意约定，甚至出现提高违约金，收取上岗押金，扣押证件、档案、社保关系等违规的做法。对此，《劳动合同法》规定"用人单位招用劳动者，不得扣押劳动者的居民身份证和其他证件，不得要求劳动者提供担保或者以其他名义向劳动者收取财物"，"用人单位违反本法规定，扣押劳动者居民身份证等证件的，由劳动行政部责令限期退还劳动者本人，并依照有关法律规定给予处罚。用人单位违反本法规定，以担保或者其他名义向劳动者收取财物的，由劳动行政部门责令限期退还劳动者本人，并处以罚款；给劳动者造成损害的，应当承担赔偿责任"。[①]

新颁布的《民法典》严格规定了劳动者和用人单位建立用工关系

---

① 李艳萍：《中华人民共和国劳动合同法》，吉林人民出版社2007年版，第23—24页。

的各项事宜，有效保护了劳动者的权益。《民法典》第一百三十五条规定签订劳动合同应当采用书面形式。第一百四十三条规定劳动合同有效的条件。第一百五十七条规定劳动合同无效后法律责任的承担。《民法典》详细规定了劳动者和用人单位解除用工合同的几种情况。《民法典》第五百六十三条、第五百六十五条、第五百七十七条分别从各个方面规定了解除用工合同的情况等。

(四) 依法解决劳动争议

《中华人民共和国劳动争议调解仲裁法》（以下简称《劳动争议仲裁法》）于 2008 年 5 月 1 日起施行，该法是进一步专门处理劳动争议的程序法，它以立法的形式，进一步完善了劳动争议处理过程中的相关程序制度，保证双方所存在的劳动争议能够公平公正、及时有效地得到处理，维护社会劳动关系的和谐与稳定。第一，能公正及时有效地解决劳动争议。对解决劳动争议来说，公正及时有效是一项基本原则。为了做到公正及时有效，本法进一步规范了劳动争议调解仲裁的具体程序制度，它要求劳动争议处理机构在调解仲裁过程中应该公正执法，对当事人在适用法律上平等对待，不得偏袒甚至歧视任何一方，依法保障双方当事人的合法权益。在程序规范到位的同时，劳动争议还应注意要及时处理，防止久拖不决。第二，注重保护劳动关系双方当事人的合法权益。劳动者和用人单位在适用法律上一律平等，一旦双方出现劳动争议，调解仲裁法作为处理劳动争议的专门法，对双方同等对待，保护了劳动者和用人单位双方的合法权益。第三，可以促进劳动关系和谐稳定。劳动争议是一个带有社会性的问题，它最根本的特点就在于其主体一方是劳动者。如果出现劳动争议，劳动者基本生活的维持和工作权利的实现就可能受到影响，甚至会关系到其家庭的维持和稳定，一旦处理不好既不利于劳动关系双方的稳定，甚至还会引发社会问题，在这样的情况下，就更加凸显了劳动争议处理的重要性①。

通过程序上的重新构建，《劳动争议仲裁法》能够公正及时有效地处理劳动争议，进一步维护劳动者的合法权益，共享社会发展的劳动成果，共同建构和谐稳定的劳动关系。该法使得劳动者和用人单位的关系出现了新的变化，在更多领域里增强了劳动者就业权益的保障力度，扩大了劳动者就业择业的范围。

综上所述，全面推进依法治国，是解决党和国家事业发展面临的一系列重大问题，解放和增强社会活力、促进社会公平正义、维护社会和谐稳定，确保党和国家长治久安的根本要求。我国关于职业选择的法律从《宪法》关于劳动权的根本保障，到《劳动法》关于职业选择的明确规定，到《劳动合同法》对于劳动关系双方的合同约定要求，到《劳动促进法》关于反对就业中所出现的歧视的明晰规定，再到《劳动争议仲裁法》对于劳动关系纠纷的解决，一系列法律不断明确、不断细化关于职业选择的相关规定，囊括了职业选择、就业、劳动关系、争议解决、扩大就业等与职业选择相关的整个过程，形成了一套相对完整的法律体系，以法律的力量构建了职业自由选择的更宽广空间。随着我国的进一步发展，相关的法律会更加完善，职业选择自由将得到更大的保障，也将进一步激发劳动者的自由择业积极性，更好地发挥劳动者的潜能，进一步促进社会的稳定、和谐与发展。《民法典》的颁布和实施是以习近平同志为核心的党中央提出全面依法治国这一具有标志性、创新性、战略性的重要理论和实践命题，《民法典》的颁布是《宪法》实施载体的进一步加强和深入，是国家治理体系和治理能力的集中体现，无疑对于大学生的职业选择有重要的保障作用。全面依法治国是坚持和发

---

① 《中华人民共和国劳动争议调解仲裁法》编写组编：《中华人民共和国劳动争议调解仲裁法》，中国方正出版社2008年版，第29页。

展中国特色社会主义的本质要求和重要保障，事关我们党执政兴国，事关人民幸福安康，事关党和国家事业发展。我们党提出和推进全面依法治国，是党领导的伟大社会革命在国家治理领域的重要体现。《民法典》作为新中国第一部以法典命名的法律，在我国社会主义法治体系中占有基础性地位，也是市场经济基本法，从各个方面保障了人民的权利，规定了人民应履行的义务。尤其职业选择方面的法律条款渗透于民法典的各个章节，例如劳动者的权利及义务、劳动者和用人单位签署用工合同问题、劳动者和用人单位解除合同情况、劳动者可以去哪些性质的单位从事工作等，完善了职业选择方面的相关法律，进一步激发劳动者自由择业的积极性，更好地发挥劳动者的潜能，进一步促进社会的稳定、和谐与发展。

四、职业选择的评估与反馈体系

科学的职业选择成效评估，对择业就业工作有重要的促进作用。职业选择的评估就是一定的评估机构，根据评估指标体系，对就业状况作出评判。基本过程是信息收集、信息加工、信息反馈以及激励。

（一）职业信息收集是职业选择评估的基础

信息收集是指通过各种方式获取所需要的各种信息。信息收集是信息得以利用的基础，是信息评估的第一步，也是信息应用的关键一步。信息收集工作的情况，直接决定整个信息管理和应用的质量。

信息收集的原则是准确性原则、全面性原则、时效性原则等。信息讲究的是真实可靠、全面完整和及时提供。职业选择信息和就业信息是进行职业选择决策时的依据，因此对信息的要求是"事前"的消息和情报，而不是"马后炮"。所以，首先信息收集要准确、全面和及时。其次信息收集主要采取社会调查、情报获取、文献信息分析等方法。目前对就业信息、职业信息收集依托的是劳动就业人员存在的工作框架体系,它必须依托其所在的社团、组织和单位等载体进行收集。

信息收集的过程通过制订收集计划、设计收集提纲和表格、明确信息收集的方式和方法、提供信息收集的成果四步完成。信息收集的方法一般有调查法、观察法、实验获取法、文献检索法和网络信息收集法等。

职业选择者信息的收集一般通过以下方式来进行:一是分析研究本人各方面工作感悟、心得体会的收集方式,二是采用访谈和问卷等多种形式的主动收集方式,三是通过其本人参加工作、活动的各种记录信息进行的收集分析整理。

(二) 信息加工处理是职业选择评估的关键环节

信息加工是对第一步收集来的信息进行加工处理的过程,其要义是去伪存真、去粗取精、由表及里、由此及彼。它是在原始信息的基础上,对产生高价值、利用方便的二次信息加工处理的过程。这一过程将使信息价值变得更加有效。只有在对信息进行了适当加工处理后,才能产生有用的、新的、可以用于决策的有效信息。

职业选择理论中选择主体所输出的各类信息繁杂,考虑到管理决策者精力和时间有限,不可能面面俱到,所以信息的加工处理应该通过所需要信息的关键点来把握,必须紧紧围绕择业者的就业能力、创新能力、心理素质和学习能力四方面为核心进行,从职业选择需求群体的标准要求、成效、模拟就业的参与程度及表现三个方面对整个过程进行具体分析、加工和处理。分析时,还要通过定性和定量两个维度进行总结,力求分析结果的真实、客观和有效,以达到信息具备最大的可利用性、参考性的目的。

(三) 信息反馈是职业选择和就业的保障

信息反馈就是指把信息输送出去,又把其作用结果返送回来,并对信息的再输出发生影响，以达到预定的目的。这一系统既要起到控制产品生产过程和产品的价值形成的作用，又要适应决策者的需要，让信息为各级管理者服务，让信息符合选择决策时的需要。

　　反馈的基本思想是以系统输出的结果反过来影响系统的输入情况，以保证维系系统的平稳运行状态以及系统输入和输出之间形成因果关系的稳定。信息反馈机制对于系统评估体系具有使其成效达到最优化及稳定运行的重要作用①。职业选择群体的评价反馈机制主要分为两个层面：一是在综合各方面信息分析的基础上，由评估机构形成对职业选择者群体个体较为准确全面的个体评价或评估。通过高效能的分析系统，以过滤和加工的方式感知各种消息、情报、数据和信息等，这实质上是"去粗取精、去伪存真、由此及彼、由表及里"的过程。评价或评估的主要内容会涉及学习能力和心理素质等多方面，用定性的文字评价及定量的数据分析构成一份客观的实事求是的评估分析报告。评估结果反馈对职业选择者群体中的各个个体起到监督和促进的作用。评估报告反馈给被评价者（职业选择者），可根据本人的反馈再进行适当的纠正性调整或修正。通过反馈，使职业选择者群体明确自己主客体的现状及存在的问题，提出修正调整问题的方案措施并加以实行。二是在个人评价的基础上，对其进行综合评价。综合评价主要是针对职业选择者群体教育培养成效的反馈，把分析整理后得到的信息化为职业选择者强有力的行动，以修正原来的管理动作和过程，使整个体系更加接近实际情况，从而达到有效管理和有效控制的目的。我们可以借鉴和参考这个反馈结果来对职业选择理论进行进一步修订和改进，提高职业选择的精准度和准确性。

---

①　诺伯特·维纳：《控制论》，郝季仁译，科学出版社1962年版，第37—38页。

(四) 不断激励促进职业选择持续发展

激励从心理学角度出发，是针对人正向积极的需要而采取相应的管理措施，是行为主体为了激发动机、鼓励行为、形成动力而进行的活动。人的一切行动都是由机体某种内在的心理动机产生的，这种动机是一种心理的精神状态，它能够激发、推动、加强人的行动。这里所讲的激励是对职业选择者进行职业选择时的激发和催化。激励是对职业选择者群体所期望的行为方式、努力方向和应遵循的价值观的规定。激励方式有两种：一种是正面激励，即对有效执行方案或有效选择方法的执行者给予一定的物质层面和精神层面的奖励行为。在这样的激励机制下，职业选择者群体将会更加自信、更加主动地采取有效的职业选择的行为方式，从而不断成长和进步，实现满足党和国家、人民和社会、高校和家庭的需求，实现职业选择者本人满意的职业选择。另一种是负面激励，即对职业选择者群体进行组织同化并对违反行为规范或达不到要求的职业选择者群体进行教育和处罚的行为方式。有效的正面激励和引导管教，比如为职业选择者提供就业指导和帮助，提供岗位信息和生活补助等，这样均可以有效地提高职业选择者的积极性。职业选择者是内化系统中有着极其复杂思维加工组织行为的主体，所以在两种激励方式的选择上不仅要立足主客体实际，而且要符合灵活性原则[1]，才能达到理想的状态。

---

[1] 诸云：《黑箱理论视角下大学生创业者培养成效评估机制研究》，载《南京理工大学学报（社会科学版）》2015年第1期，第88—92页。

第五章 我国大学生就业的基本特征及存在问题

2020年7月，习近平总书记到中国一汽集团考察时谈到大学生就业时指出："受疫情的影响，大学生就业面临着困难。但是党和政府还是全力以赴，把大学生就业作为今年经济工作的重中之重，解决民生问题的重中之重。"习近平总书记希望大学生摆正择业观，找到自己的定位，投入到踏踏实实的工作中，实现自己的人生理想。大学生就业问题是整个社会就业问题的重要组成部分，是全社会、党和国家高度关注的民生问题。有效促进高校毕业生更高质量和更充分就业，是事关高等教育良性健康发展的关键，也是关乎社会公平稳定的前提。新时代准确把握大学生就业状况及其存在的体系问题是解决当前及今后大学生就业问题的前提。大学生就业中的专业设置、就业指导、国家政策的落实、大学生自主创业的障碍等构成了大学生就业中体系性问题的内容要素。

一、大学生就业状况的基本特征

随着我国经济由高速发展到高质量发展的转化，大学生的就业也在发生着悄然的变化。一般而言，大学生就业的基本情况主要通过就业率、就业领域、就业地域选择、自主就业状况、大学生的就业期待等反映出来,从以上几个方面统观我国大学生就业,主要有以下几个方面的特征。

(一) 就业率总体稳定

就业率是反映大学生就业状况的基本指标。在我国现行大学生就业率统计中,将以下几种情况的毕业生视为已就业,可以计入高校毕业生的就业率:签订高校毕业生就业协议书的、与用人单位签订劳动合同的、申请自主创业或自由职业而灵活就业的、入学前已经签订定向或委培培养协议书的、考取博士硕士研究生而升学的、因上学或工作而出国(境)的、录取为公务员的、参军入伍或参加国家和地方各类项目的。

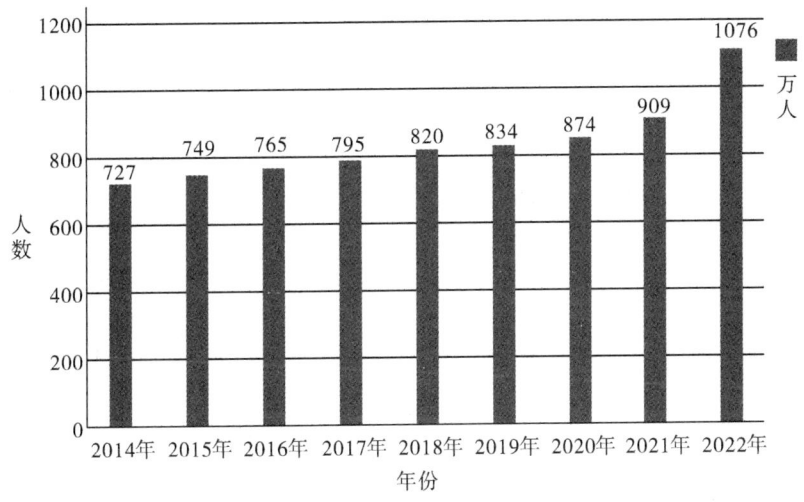

图1 2014—2022年大学毕业生总人数

2014年我国大学毕业生人数突破700万大关,并连年呈现增加趋势。大学毕业生人数从2014年的727万人,上升到2015年的749万人、2016年的765万人、2017年的795万人、2018年的820万人、2019年的834万人、2020年的874万人、2021年的909万人,2022年高校毕业生规模更是空前,达到1076万人,较2014年净增加349万人。虽然就业人数不断增加,但近三届大学生毕业半年后就业率呈现出稳定趋势。2014年大学生毕业半年后的就业率为92.1%,2015年大学生毕业半年后的就业率为91.7%,2016年大学生毕业半年后的就业率为91.6%[①],2017年大学生毕业半年后的就业率为91.9%,2018年大学生毕业半年后的就业率为91.5%。受新冠肺炎疫情的影响,2019年、2020年大学毕业生的就业率有所下降。

需要说明的是,多数省份将每年6月份的就业率统计为初次就业率,将年终就业率作为最终界线来考量。一般在大学生就业的学年内,大多数高校每月都会在一定的范围内陆续公布各专业各学科各学院的具体就业情况及就业签约率,同时通过就业率来衡量学校或各专业各学院学生培养的具体情况,依此来评价各专业各学院的教育教学质量,确定次年的招生情况,甚至来决定专业学院的奖酬分配情况。在这样的"惯例"下,学生越早签订就业协议,对各专业各学院各高校的就业、招生、年终考核的影响就越明显。就业协议的签订与否甚至还直接影响着学生是否能顺利取得实习成绩,是否能拿到毕业证书。为了不影响个人发展,很多大学生临近毕业季就开始采取各种方式签订就业协议,或者找家里帮助,或者随便签约拿到毕业证后立即离职。不健康的就业方式会使就业率不准确。一方面,政府所公布的就业率多为"初次就业率",缺乏真实性与客观性,对毕业生就业质量无法作出客观反映;另一方面,各高校自主统计的就业率往往远高于政府官方统计数据,使社会各界对高校毕业生就业情况产生疑惑。为保证研究结果客观公正,本文参考麦可思公司的做法和数据,以毕业半年后大学生就业情况进行对比分析。在对此部分情况进行分析时,所统计的本科生就业率为:就业

[①] 麦可思研究院编:《中国本科生就业报告2016版》,社会科学文献出版社2016年版,第9页。

率＝已就业人数/需就业的总人数。在此需要特别说明的是，此就业率的定义来源于劳动经济学，其中国内外读研人数不划分在已就业人数中，当然它也不归纳于需要就业的总毕业生人数中①。

2020年受新冠肺炎疫情影响，874万毕业生就业形势异常严峻。中央采取了"稳就业""保就业"的措施，教育部、财政部、人社部等出台了多项政策措施，有增加升学机会的，有扩大基层就业的，如"特岗计划"等，有针对用人单位就业招录政策的扶持，等。在教育部、中央各部门、地方党委、高校、用人单位等共同努力下，2020年高校毕业生总体就业率较为稳定，比预期就业率好。

（二）就业去向主要为民企、中小微企业

就业的去向是反映大学生就业状况的重要指标。党的十九届四中全会《决定》将公有制为主体、多种所有制经济共同发展，按劳分配为主体，多种分配方式并存，社会主义市场经济体制作为社会主义的基本经济制度。在社会主义基本经济制度下，民营企业、中小微企业改革开放以来得到了很大的发展。民企、中小微企业已成为我国经济增长的助推器和社会发展的稳定器，在调整产业结构、提高居民收入、保持社会和谐稳定等方面发挥着重要作用。民企和中小微企业是国民经济重要支柱和吸纳新增就业的主渠道。

2014—2017年，民营企业、中小微企业成为大学毕业生就业的主要领域，其就业比例由2014年的54%上升到2016年的60%，2017年与2016年持平，仍然保持在60%。2018年起，大学生在民营企业、中小微企业就业率开始下降，其中2018年为54%，2019届本科毕业生在民营企业就业的比例下降至53%。2014—2018年，大学生到国有企业

---

① 陈美蓉、梅梅、陈颖莹等：《基于教育与经济影响分析的大学毕业生一次性就业率提升探讨》，载《劳动保障世界（理论版）》2013年第3期，第54—58页。

就业的比例从 2014 年的 23% 下降到了 2018 年的 19%，2019 年在国有企业就业的比例为 20%，稍有上升，在中外合资、外资和独资企业就业的大学生从 2014 年的 11% 下降到 2018 年的 7%（如图 2）。

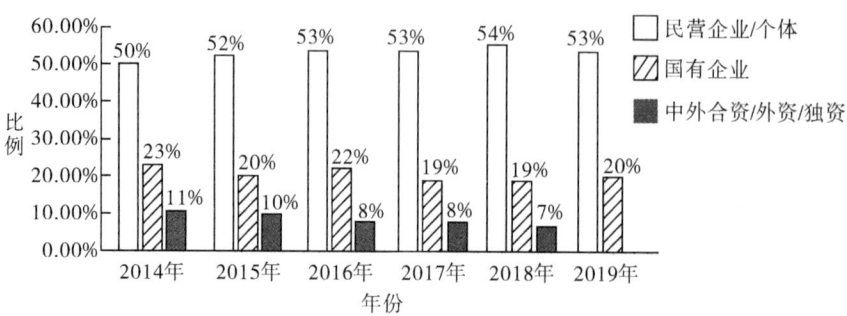

图 2　2014—2019 年大学毕业生在不同类型用人单位就业比例

大学毕业生在 3000 人以上国有大型用人单位的就业比例由 2012 年的 26% 下降至 2016 年的 21%，下降了 5 个百分点；2014—2017 年大学毕业生在 3000 人以上大型用人单位就业的比例从 23% 下降到 21%，在 300 人以下的中小微用人单位就业的比例从 51% 上升为 55%，上涨了 4 个百分点。中小微企业雇用了超过一半的大学毕业生（如图 3）。

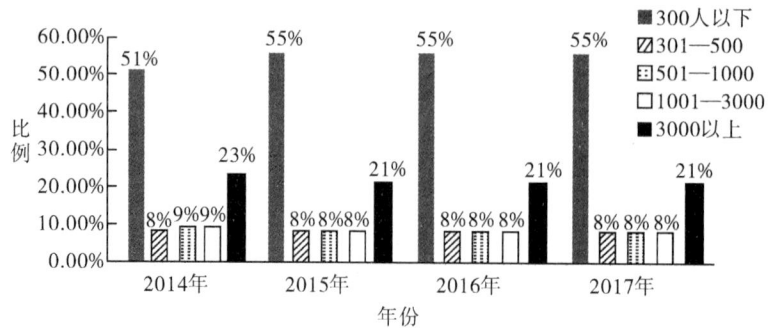

图 3　2014—2017 年大学毕业生在不同规模用人单位就业的比例变化趋势

这一变化也证明了国有大型企业正在经历内部结构变化和供给侧产

能调整,含外资成分的企业也受劳动力成本上升等因素的影响对毕业生的吸引力也越来越小,而中小微企业和民营企业也正在成为大学毕业生就业的主要渠道,全民创业、万众创新对大学生就业的积极影响已经凸显出来①。

受新冠肺炎疫情的影响,民企和中小微企业的发展面临着巨大的挑战。企业预期营收整体比较悲观,许多公司的复工及市场拓展受到影响,面临多重经营压力,如资金、用工等。在这种情况下,中央各部委、各级政府、金融机构等纷纷采取普惠政策,降低税率,减免水电房租和物流成本,树立了民企和中小微企业战胜疫情的信心,也为稳定就业、保就业提供了保障。

(三)就业地区首选仍然是一线城市

不同地区不同城市、不同专业的就业状况是不同的。

通过2014—2016年大学生就业期望地区考察,可以明显看出大学生就业选择目标性仍然呈现单向流动趋势。大部分毕业生首选的就业地区仍然是一线城市,其次是地级市,主动选择去县级城市、乡镇工作的毕业生比例很低。2014年30.3%的大学毕业生希望去一线城市及计划单列市工作,2015年该比例上升至33.9%,2016年仍有38.3%的大学毕业生将一线城市作为就业首选地区。这说明经济发达地区不仅有较为可观的薪金待遇和比较好的工作环境,而且它们还与国际接轨程度更高,就业岗位多元化,能够为就业者提供更多的学习提高和职业发展的机会;为大学生提供了"自我发展""自我实现"的可能,因此更加受到大学毕业生的青睐。值得注意的是,虽然目前一线城市的就业吸引力是最大的,但由于二线城市相对较低的生活成本和快速增长的就业机

---

① 麦可思研究院编:《中国本科生就业报告2016版》,社会科学文献出版社2016年版,第9页。

会，一些二线热点城市吸引力也在上升。二线城市对大学生就业更加包容，接纳和欢迎程度上升，其超越一线城市成为最具吸引力的就业区域已经指日可待①。本科毕业生在"北上广深"就业的比例从 2013 年的 28.20% 下降到 2019 年的 20.00%（如图 4）。除了应届毕业生之外，毕业半年后曾在"北上广深"就业的本科生在三年后离开的比例也从 2012 年的 13.7% 上升到了 2015 年的 24%。"北上广深"对大学毕业生吸引力逐渐减弱。大学毕业生在直辖市就业的比例从 2013 年的 52.00% 上升为 2017 年的 58.00%（如图 5）。

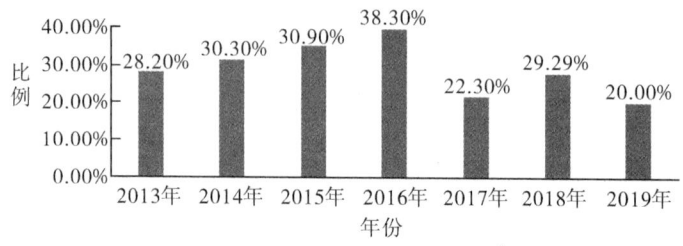

图4　2013—2019 年本科毕业生选择"北上广深"就业占比

值得注意的是，新一线城市的崛起和对大学生就业的巨大影响。新一线城市是依据品牌商业数据和互联网公司的城市大数据出台的，主要包含商业资源聚集度、城市枢纽性、城市人活跃度、生活方式多样性和未来可塑性等指标。我们所说的新一线城市如：成都、杭州、西安、苏州、郑州、青岛等。《就业蓝皮书：2020 年中国本科生就业报告》和《就业蓝皮书：2020 年中国高职生就业报告》显示，本科生选择新一线城市就业的比例在上升：从 2015 年的 22% 上升到 2019 年的 26%（目前查不到其余年份的数据，只能查到 2019 年的比例，没有做表）。报告

---

① 麦可思研究院编：《中国本科生就业报告 2016 版》，社会科学文献出版社 2016 年版，第 9 页。

同时显示,本科生在一线城市就业的比例反而从 2016 年的 38.3% 下降到 2019 年的 29.29%。

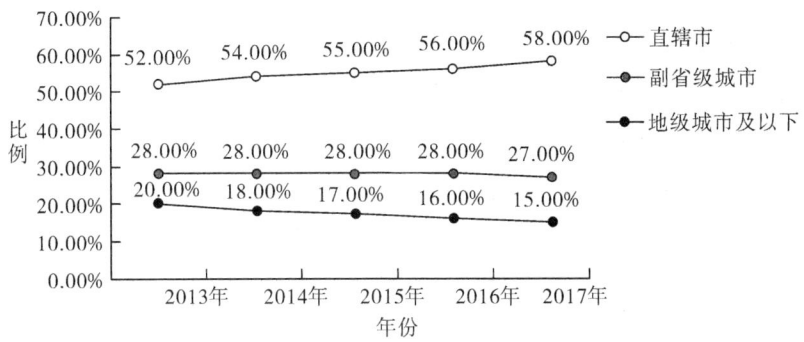

图 5　大学毕业生在地级市及以下地区就业占比

(四) 自主创业比例不断增加

自主创业是劳动者依靠资本、资源、信息、技术等开展创业活动,解决就业问题。大学生自主创业作为一种就业方式,指高校大学生自己创办企业。2008 年开始实施的《就业促进法》为大学生自主创业提供了法律依据。在实践中,中国的第一次自主创业高潮主要以下岗无业人员为主,成为改革开放后的第一批受益者、致富带头人。后来以公务离职人员为创业的主体,科技要素突出。20 世纪末到 21 世纪与互联网发展相联系的创业发展突出。随着时代的发展,大学生成为自主创业的重要力量。为带动大学生自主创业,国家出台了相关的优惠政策,如财政部、国家税务总局《关于支持和促进就业有关税收政策的通知》,这一政策配合了 2010 年教育部发布的《关于大力推进高等学校创新创业教育和大学生自主创业工作的意见》(以下简称《意见》),对大学生自主创业实行税收优惠政策。这是我国首次针对大学生自主创业出台的税收优惠政策,覆盖了毕业年度内在校创业大学生。与此同时,各地对大学生的自主创业也相继出台了一些优惠政策。

《意见》发布之后，大学毕业生选择自主创业的比例有所上升，但是，受自身条件的影响，绝大多数毕业生基本上属于机会性创业，他们创业的主要动机是想成为创业者、碰到好的创业项目、受他人邀请、预期收入会很好等等。2014 年大学毕业生自主创业人数占毕业生总人数的 2.9%；2015 年为 3.0%，比 2014 年高出 0.1 个百分点；2016 年与 2015 年持平，仍然保持在 3.0%（如图 6）。2017 年起，大学生自主创业比例略有下降，由 2017 年的 2.9% 下降至 2019 年的 1.6%。

图 6　2014—2019 年大学毕业生半年后自主创业的比例变化趋势

根据《中国青年研究》发表的文章《高校毕业生自主创业调查：特征、动机与就业满意度——基于全国高校毕业生就业状况调查数据的分析》，其数据显示，选择创业的毕业生对就业的满意度评价最高。传统上东部地区（含京津冀）自主创业人数最多，但是自 2015 年以来，中西部城市创业的毕业生人数规模呈现上升趋势。2020 年，许多省市都先后发放了对大学生自主创业的一次性的创业补贴。这些措施都对大学生的自主创业起到了积极的推动作用。

（五）高质量充分就业成为发展趋势

充分就业是现今世界各个国家的目标。判断一个国家是否健康运作和是否实力强大，通常以其人民是否充分就业、国家综合产出是否大于其国家自身的需求为标准。随着经济社会的发展，中国特色社会主义制度优越性的进一步显现，社会、家庭、大学生个人都对更高质量和更充分就业十分期待。更高质量和更充分的就业体现在劳动报酬随着经济发展而发展，劳动的社会保障更加完善、工作条件的改善，以及更加健康的就业环境。更充分的就业是指就业机会更加充分、职业发展空间更加广阔。当然如前所说，充分就业不等于全部就业，在充分就业的背景下，失业均属于摩擦性和结构性的，而且失业的时间很短。

现实生活中，一些大学毕业生往往成为就业市场中的廉价替代品，很多大学生在毕业求职过程中不能找到与自己专业相匹配的工作，为生计考虑，不得不从事自己不感兴趣的职业（如图7）。这种情况挫伤了大学生工作的积极性和主动性。所以，大学生期待充分就业，希望所从事的工作能够在满足自己期待的同时满足自己的生活需要。

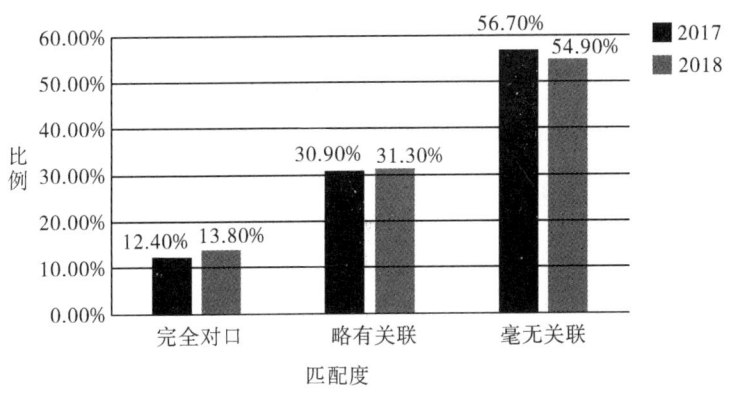

图7　2017—2018年大学毕业生就业专业对口率

就业事关经济发展和民生改善大局。习近平总书记在党的十九大报告中指出，要坚持就业优先战略和积极就业政策，实现更高质量和更充分就业，为我们做好就业这项最大民生工作指明了方向。进入下半年以来，适应经济运行稳中有变、外部环境发生明显变化的新形势，稳就业成为经济工作"六稳"的首要内容。中央政治局先后多次召开会议，强调把稳定就业放在更加突出的位置，增强对风险隐患的预见性，及时采取对策，明确工作重点和要求。

党的十九大报告指出，中国特色社会主义进入新时代，我国社会主义主要矛盾已经转化为人民日益增长的美好生活需要和不平衡不充分的发展之间的矛盾。深刻认识新时代社会主要矛盾在就业领域的主要表现，准确把握人民群众在就业方面的热切期盼和困难、问题，深入分析新时代就业的主要特征，对于明确就业工作新任务、新思路、新举措具有重要作用。

广大人民期待更高质量和更充分就业。就业是最大的民生，是人民追求美好生活的根本途径，关乎人民及其家庭的获得感、幸福感、安全感。随着经济社会发展，人民对更高质量和更充分就业的期待与日俱增。人民期待劳动报酬能够随着经济发展而发展，社会保障更加完善，待遇水平持续提高，工作条件不断改善，就业环境更加安全健康，就业机会更加充分，职业发展空间更加广阔。同时，就业不仅是谋生的手段，还是人民实现自身价值、融入社会、为后代带来希望的途径。因此，人民希望自己的劳动得到社会尊重，工作和家庭能够和谐。党的十九大报告提出实现更高质量和更充分就业，反映了广大人民的心声，是人民美好生活需要的重要组成部分，是新时期促进就业的核心目标和显著特征。

2020年，实现更加充分的高质量就业取得了较好的成绩。2020年中国经济年报数据显示，我国超额完成了就业目标。这首先得力于我们的抗疫取得的超预期成效，"六稳""六保"政策上的精准到位。我国的研究生、中职生的扩展政策，企业的扩大就业都对高质量充分就业作出了积极的贡献。更为重要的是，中国经济结构的优化，产业链、供应链在疫情时期的迅速恢复，我国成为全世界抗疫物资生产供应中心，这些都有力地促进了高质量充分就业。当然我们也应该看到，未来，高质量充分就业仍会面临许多挑战。

二、高校专业设置与社会需求匹配度的问题

大学生就业受国际国内经济发展、国家政策调整、学校培养机制变

化等诸多因素影响。就目前的情况而言，相对于发达国家，我国大学生能够接受的就业岗位总数低于我国的经济总量增长所能够提供的岗位数。因此，近些年来大学生就业情况中社会满意度不高，一年不如一年，每年都被称为"史上最难就业季"，很多学生和家长、高等学校都感到就业压力巨大，甚至还出现了部分大学生"毕业即失业"的情况。究其原因，很重要的一个因素就是专业与社会需求的匹配出现了问题。这也是大学生结构性失业存在的重要问题。从现实性来说，突出地体现为以下两对矛盾。

（一）专业设置与社会需求的结构性矛盾

目前，大学生就业难的主要原因之一是，高校开设的专业结构与社会实际需求职业岗位不匹配、专业重心分布不均衡、部分专业存在重叠式冲突等。高校专业设置与社会需求匹配度问题形成的根本原因是，高校专业设置的相对稳定性和社会需求的变动性之间的矛盾。社会需求是不断变化的，随着社会生产力的发展，经济组织、经济结构、经济发展形态等都在发生着变化，而高校的专业设置一旦形成，课程开设、师资队伍等都是相对稳定的。

例如在制造行业，著名经济学家郎咸平认为，目前以初级产品加工制造为主的企业在我国仍占较大比重，这是由现今中国在世界经济分工中所扮演的角色和当下我国的产业结构所决定的。而在具有一定技术需求的行业，例如产品研发设计、物流管理、营销策划、原料采购批发等领域，中国并不占据主动地位。然而恰恰是在这些行业中，最需要有知识、有技术的大学生。从劳动力市场来看，劳动力需求小于劳动力供给使得在目前的经济结构下无法为大学毕业生提供相匹配的职位。教育产业与经济产业的不配套加大了大学生就业的困难度。经济产业的发展层次和发展规模所能提供的就业条件与大学生期望差距较大，与其技能和教育投入相适应的产业又发展不足，这导致了在部分技术型行业中人员需求大却无人问津，而大学生较为青睐的高新技术产业又无法完全容纳现有人员。

专业设置和社会需求的不匹配主要体现在：首先，专业人才培养目标定位与社会需求不匹配。社会需求随着社会分工的扩大和深层递进越来越细化，而目前我国高校中专业设置大而不专的现象就显得尤其突出。比如管理类，我们是经济管理专业，而现实中需要的是社区管理或者中小城市管理等。其次，学历结构和供求的不匹配。有的社会需求的是硕士及以上学历，而有的本科甚至是专科就可以。我们的人才培养在现实性和社会的需求上很难做到精准匹配。最后，高校的专业预期与社会认同不匹配。造成这一问题是多方面的，例如现行行业在人们心目中的社会地位问题、薪酬的吸引力问题等。理论上的专业设置和实践中的现实之间的差距导致了大学生就业难。

专业设置和社会需求匹配度不高，在现实中形成了大学生的就业难。其中固然有大学生的主观认知等因素，但是从根本上不能说和专业匹配度无关。中国人民大学教授曾湘泉认为，我国在1999年高校全面扩招这一大背景下所出现的大学生就业"难"问题，并非就是扩招惹的"祸"，大学生就业难其实是老问题凸显的结果。大学生整体的初次就业率有点下降，毕业生寻找工作时间延长，毕业生和家长对大学毕业生预期薪酬收入与用人单位实际薪酬之间存在一定差距，还有部分大学毕业生不愿到基层"低就"，不愿到西部"西进"就业，等造成就业难。这些现象并没有形成大学毕业生真的在劳动力市场上找不到与之相匹配的工作态势。总之，高校专业设置、毕业生知识结构与能力水平、各专业毕业生人数的分布、毕业生就业期望均与社会的有效需求存在结构性矛盾，而上述的矛盾是导致高校毕业生就业难的主因。

(二) 专业调整滞后与社会需求的矛盾

专业设置是实现教育功能的重要载体，是连接高校和社会的纽带，合理的专业设置对大学生的就业发挥着至关重要的作用。就一般意义讲，相较于就业市场灵敏的变化来说，高等教育总存在一定的滞后性，二者不可能完全相符，但产销对路、供求平衡是人们对经济、社会生活的基本要求。教育是为社会服务的，教育必须从社会需要的变化出发，不断调整自己的"产出"。

一个国家和地区经济健康发展与否的重要标志之一，就是经济结构和就业结构是否呈现正相关趋势。具体到我国，一方面，自改革开放以来，国内经济结构不断发生着变化，尤其在"十二五"期间，产业结构优化升级加速，农业、工业、服务业三大产业稳步提升。政府推行节能减排和重视生态建设与环境保护，节能降耗及环保工作进展顺利。通过不断地加快消费结构的升级，不断优化贸易结构等手段，引发三大需求（投资、消费和出口）快速增长，区域发展协调性增强，加快了统筹发展的步伐。与经济发展相适应的是国民收入分配结构呈现出了积极的调整方向。另一方面，大学生就业率并未随着经济的快速发展而提高，薪资待遇与配套条件与高素质人才的期望差距较大，大学生就业前景不容乐观。

专业设置滞后造成了消极的影响，主要体现为教育创新不足、人才培养质量不高，从而最终造成了大学生的就业困难。我国高等教育大众化的过程中出现了高校不顾实际条件向综合性大学迈进的潮流，忽视原有的学科、专业特色，热衷于扩充新的专业，又出现一哄而上、同质性严重的现象。人才培养老化现象比较突出。在适应经济结构变化，区域战略调整方面跟不上社会与市场发展的节奏。中国劳动和社会保障部劳动科学研究所副所长莫荣认为，高校专业设置调整的滞后是直接影响大学生就业的根本原因，是结构性的主要矛盾。高校毕业生就业难与我国目前的社会发展状况造成的人力资源需求结构不对称有关，而不是简单的毕业生总量供给过度问题。大学生就业难问题的主要原因就是，高校培养出来的大学生不是经济社会下各行各业所期盼的急需的理想型人才,现实中的人力资本市场供给与社会对劳动力的市场需求存在不一致的地方。

三、高校教育教学与就业教育指导存在的问题

对于大学生就业困难、选择盲目的情况,国家一直要求高等教育单位强化毕业生的就业指导工作。国务院国办发〔2013〕35号文件要求,全国各高校应加速推进就业指导课程和学科建设;结合市场需求开展职业发展教育和就业指导;大力强化职业指导师资队伍(专兼职结合)的建设,为面临就业压力的大学毕业生提供有益的个性化咨询辅导。为了做好全国普通高等学校毕业生就业创业工作,教育部每一年都要下发具体的政策规定,几乎每一年的工作要求中都要强调各高等学校是大学毕业生就业工作的责任主体,各高等学校要建设一支专业的就业指导教师和工作人员队伍,进一步提升就业指导水平和服务能力,要切实加强各高校就业指导能力建设,进一步规范完善毕业生的就业工作管理。

对于高校在促进毕业生就业中应当承担的责任和义务,文件中作出了明确的规定。但是从实际落实上来看,目前高校均侧重于就业指导课程的开设,忽视了对大学生职业选择能力的培养,即使开设就业课程,也存在诸多问题。

(一)教学形式单一,无长效反馈机制

现今高校对学生进行就业指导多采取开设公共必修课、公共选修课或进行专题报告等形式。其中大部分高校公共必修课、公共选修课的学分多定为2分,课程时数不少于38学时。

学分少、学时短使得大学生就业指导课程在高校课程体系中处于尴尬的地位。一方面,学生迫切需要通过就业指导课程来获得职业选择的建议,增加对求职市场的预见能力;另一方面,课程设置不成体系、授

课内容与教学方式的单一性和随意性使学生无法获得相应的知识。课程内容与学生需求之间的脱节使得学生上课时产生焦虑、厌课情绪，对该课程不甚关注，而学生消极情绪使得教师在授课时也采取应付的态度，多选择通识性、常识性的内容进行讲授，不再额外花费精力进行个性化设计。这种不良循环阻碍着高校大学生接受就业指导全程化、个性化发展，仅凭上课时间，授课教师也无法得到学生们真实有效的反馈，无法评价他们的课程设计和传授的内容是否适合大学生，是否有价值。思想政治教育的特点决定了整个教育过程的长期性和反复性，因此就业指导教育的过程也必然是一个长期并且反复的过程。高校大学生就业指导教育工作不仅仅是要帮助大学生寻找工作目标、规避就业风险，更重要的是要让其通过四年的系统学习明白如何做人做事，从而有勇气和信心面对毕业时的就业挑战。因而大学生就业指导教育工作应该贯穿大学生的整个大学生涯，对学生进行全程指导和把握，涉及人生哲理、价值取向、学业指导、职业指导、事业发展等方面。从根本上讲，高校的大学生就业指导工作主要是为了使大学生形成正确的人生观和价值观，这是一个潜移默化、润物细无声的过程，需要长期进行、反复纠偏。但是现今各高校的就业指导课程多在毕业前最后一年开设，此时大学生不仅要面对毕业各项事宜的压力，还要舒解即将到来的就业择业危机所带来的紧张情绪。由于缺乏系统的就业指导，很多大学生并没有做好准备来应对就业问题，面对突然的困难，很难正确应对，最终导致行为与思想出现扭曲与错误。

（二）教学内容陈旧，与现实脱节

高校的扩招使得大学生的人数迅速增长。因地理区域分布不同，大学生构成也多种多样，不同的受教育经验及知识储备导致"千人千面"，个体间差异必然对就业有不同的需求。千差万别的学生的未来规划方向、择业侧重点、工作岗位目标定位及对社会现状理解的能力均不相同，迫使就业指导课程必须要有针对性，具备较强的现实意义。

目前，大多数高校所开设的就业指导课程依旧囿于传统的教学模式，教学方式单一枯燥，多数时候依然以强制理论灌输为主，一味地强调就业理论知识，如何根据学生的特点来进行课程安排，根据学生的层次进行教育，往往考虑的较少。加之大课教育常常以讲座、观看视频的方式进行，学生学习的兴趣得不到激发，在课堂上只是熬时间，无法从中得到想要的知识，课程教育收不到想要的效果。中共教育部党组《关于印发〈关于进一步加强高等学校学生思想政治工作队伍建设的若干意见〉的通知》（教党〔2000〕21号）的文件明确指出：根据各高校的经验和实际工作的需要，影响较大、稳定工作任务较重的高校，原则上可按1∶120—150的比例配备专职学生思想政治工作人员。但实际上，很少有高校能够按照上述比例配备专职教师。部分高校辅导员与管理学生之间的比例达到1∶500—600，更有甚者将近千人的学生由一名辅导员管理。在这样的比例下，想要对大学生职业选择进行专门性、层次性、长期性的指导规划，是完全不可能的。

现在高校开设的职业选择能力培养课程，讲授内容并不具有很强的实践指导意义，很多内容甚至是陈旧的、落伍的。对于国家出台的新政策、就业市场上出现的新动态，很多高校往往只是进行信息通报，并没有根据政策、动态给学生相应的指导，就业方面的信息是落后于现实的。这样的授课内容不仅对于大学生职业选择能力的培养毫无作用，而且还会严重影响其就业行为策略的形成。如果真正进入社会，毕业生们发现在学校接受的教育和社会现实完全脱节，就业信心也会受到严重打击。

（三）培养模式缺乏创新，吸引力不足

目前高校的职业选择能力培养大多是具有共性但缺乏个性的。从高校教育结构设置上来看，高校教育结构大同小异，缺乏特色；从教育内容和目标上来看，一流学府和普通院校在学生的培养目标上并没有很大差异；从专业设置上来看，很多高校忽略了市场实际需要而盲目、随意地开设专业。在不同高校学习同类专业的学生，毕业后在专业能力、专业知识上基本没有很大的差异，然而在进入就业市场时，学校越有名气，毕业生就业相对就会更容易。同类岗位录取时，学校名气大的毕业生成功率要高于普通高校的毕业生，甚至普通高校毕业生在竞争时必然落选。

职业选择能力培养没有特色，职业选择指导形同虚设，这使得大学生就业越发困难。在面对大学生职业选择能力的培养上，很多高校将大学生就业问题看作是安置学生的过程，对于大学生职业选择的指导和规划也仅仅停留在让学生能够寻找到岗位，或是让学生能够和用人单位对接，至于就业效果如何，是否实现了大学生的职业目标，是否实现了自身目标价值追求，高校基本没有或很少考虑。因此，就业指导就没有达到预期的效果，没有真正地帮助毕业生做好面对社会思想上、心理上和能力上的准备，更没有满足他们自身对规划个人职业生涯的渴求。很多高校仅仅是浅尝辄止，就业指导工作无法帮助毕业生提高求职的效果，无法增强毕业生的就业能力，无法按照党和人民所期望地去引导广大毕业生就业，无法有力帮助毕业生就业，更无法形成中国特色社会主义建设中的强大人力资源支撑。

四、政府对高校的管理与国家就业政策的落实问题

目前我国大学生职业选择诸多影响因素中，较多的受到国家就业政策变化的影响。近年来，为了与"市场导向、政府调控、学校推荐、学生和用人单位双向选择"的就业指导思想相配合，国家出台了一系列政策，旨在促进大学生就业。为了缓解大学生就业压力，国家政策主要倾向于以下三个方面：第一，基于劳动力供给方而出台的政策；第二，基于劳动力需求方而出台的政策；第三，基于劳动力服务方所出台的政策。但在实践中，依然不太理想。

（一）政府对高校的管理、指导与调控存在不足

当前，基于劳动力供给方面出台的政策主要包括两方面：一是政府针对高校的改革与发展，二是政府针对大学生个人能力的提升。这类政策的制定基于高校教育和大学生群体存在的各类问题进行相应的调整，重点突出了政府对于教育的管理、指导与调控的职能。从实施效果来看，这一类政策对教育的发展产生了一定的积极影响，同时也影响着大学生职业选择的能力。

高等教育过快、过猛地发展可能会引发人才结构的失衡，对此国家很早就提出了相应的调整政策。2002年，国务院办公厅转发《教育部等部门关于进一步深化普通高等学校毕业生就业制度改革有关问题意见的通知》（国办发〔2002〕19号）。文件明确要求，加快高校学科、专业设置的调整和人才培养结构的完善，使教学质量得到提高，使高校各专业的毕业生都能够学以致用，更好地适应社会需要。进行学科、专业和人才培养结构的调整，对一些教学质量差、专业设置不合理并导致就业率过低的学校和专业减少招生指标，甚至停止招生。

这一政策的出台目的在于调整大学生人力资源的结构性失衡，促使大学生在人力资源规格上能够较为合格，但这些措施并没有落实到实处。

首先，地方政府监督力度不足。政策出台后，地方政府没有及时和高校协同组成相应的部门，未就本地就业市场上人才供需情况展开深入的考察和研究，未形成相应的考察报告用以作为高等院校人才结构调整的参考。此外，政府在监督上也没有发挥相应的作用，没有及时监督高校对于过热、盲目发展的专业招生规模和课程结构进行适当的调整，使其符合市场需求。

其次，对大学生就业重视落实不够。就目前情况来看，大部分高等院校的学科设置结构及专业开设追求的是该高校当下利益最大化，而非

以促进学生就业、服务社会、助力经济发展为前提。以自身利益为导向出发必然导致学校对于提升学校层次有着格外强烈的追求。在课程的设置上，很多高校理论先行、实践落后，更不要说为实践要求强的课程配备专业的教师、开设专门的场地。当前大学生就业困难，从现象上看，从表层说是因为大学生人力资源结构性失衡导致，然而究其深层次原因，是因为国家对于高校人才结构调整的政策在基层没有得到有效的落实。

（二）国家各类就业政策在基层落实不到位

国家制定各类帮扶大学生就业政策，其主要目的是在帮助大学生成功就业的同时，强化社会对大学生的吸收能力。但是在实际推行过程中，实施力度不够、落实不到位、政策与大学生实际情况偏离较远等因素，导致大学生就业仍然困难重重。以支援西部大开发的各类政策为例，早在2002年国务院办公厅转发教育部等部门《关于进一步深化普通高等学校毕业生就业制度改革有关问题意见的通知》就明确规定对到农村基层参加"三支一扶"工作的高校毕业生，在2—3年的任期结束后，根据需要优先从中选拔人才到乡镇、区县机关、学校及企事业单位担任职务，而到西部偏远贫困地区基层工作的高校毕业生，可比同期参加工作的毕业生提前定级和提高待遇。2003年国务院办公厅发的《关于做好2003年普通高等学校毕业生就业工作的通知》（国办发〔2003〕49号）对参加"大学生志愿服务西部计划"的大学生就有明确的优惠政策，除了享受基本的生活补贴、计算工龄之外，对服务届满的大学生志愿者，在报考研究生、公务员时给予适当的加分，同等条件下还会优先录取。

上述政策在帮助大学生就业、促进社会进一步吸收大学毕业生方面发挥了不可取代的积极作用。同时，受到各方面因素的影响，也出现了一些问题。通过调查，虽然对于支援西部开发建设的学生，在参加公务员考试时可享有一定的优惠政策，这对很多学生来说颇具吸引力，但是有一部分毕业生仍然认为如果去了西部地区，受地理位置和经济发展的影响，无法得到很好的发展，甚至即便有了优惠政策，也无法与那些身处大城市的毕业生竞争。对他们来说国家政策是不具有吸引力的，这就是典型的政策与学生现实脱节。对很多学生来说，考取大学，去更好的地方读书，目标很明确，就是改变自身命运甚至改变家族命运。但是如果通过四年的学习，从农村出来的学生仍然继续回到农村，甚至去了更偏远、条件更不好的农村，这是很多大学毕业生和他们的家人无法接受的。政策与意愿的偏离从根本上来说是在制定政策的过程中，政策的享受者，即大学生们很难参与到其中去。

党的十八大后，国家就业政策的落实情况发生了许多新的变化，尤其是随着督察等制度的实施，明显地促进了就业政策的落地。但仍然存在着形式主义、就业政策落实不到位的情况。2020年，国家将稳就业放在了"六稳"工作的首位，出台了一系列支持高校大学生就业的政策，取得了较为良好的效果。但是在督察中仍发现，一些地方在工作中设置不合理条件、抬高就业门槛等，导致国家政策不能落地。如北京创业担保贷款设置户籍限制、发放规模缩小等现象十分典型。新时代，随着网络的发展，政府通过"互联网＋督察"平台等形式，不断促进就业政策的落实。

五、大学生自主创业中的问题

目前面对大学生就业较为困难的问题，国家出台了一系列鼓励自主创业的政策，帮助大学生就业。例如，2013年国务院办公厅转发的《关于做好2013年全国普通高等学校毕业生就业工作的通知》（国办发〔2013〕35号）就有明确规定，一方面是在校期间，通过加强创新创业教育，鼓励高校与人才服务机构合作，进行创业相关的培训和实践，做好大学生从校园到社会的过渡工作；另一方面，是在毕业后，通过国家各级政府部门提供的创业培训和创业服务，对高校毕业生自主创业的项目进行大力扶持，尤其是一些科技型的、资源高效利用型的、智力密集型的创业项目。在鼓励大学生自主创业方面，全国各地都出台了不同的政策，有的地区将大学生创业培训补贴的期限提前到了毕业前一年；对大学生自主创办企业的，尽可能地放低注册门槛，并提供贷款贴息、三免一补等扶持政策，鼓励和推进大学生创业孵化基地建设，为自主创业大学生提供由项目开发到开业的全方位指导，以及后续的融资和跟踪扶持服务。

国家帮助大学生自主创业的各类政策的出台，给大学生创业带来极大的鼓励和支持。但创业是一项复杂的工程，需要具备各种条件。目前，大学生创业还存在以下问题。

(一) 创业项目缺乏新意、缺乏市场需求和技术支撑

创业项目是否已经研发完善，是否受到市场消费者的欢迎；创业者是否具备创新创意思维，是否拥有自身独有或特有的技术支撑，是一个创业项目成功的根本。

1. 创业项目创新创意不足。由于创业大学生都存在课余时间有限、创业资金不足等问题，而网络创业的经营场地和商品陈设均为虚拟，与传统实体营销模式相比，成本投入较低，经营时间自由灵活。所以，很多大学生都会选择创建网店微店，利用网络来创业来实践，从而赚取人生的第一桶金。但往往由于他们绝大多数是初次创业，缺乏经验，缺少资金支持，创业者视野不够开阔，创新意识不足，深入市场了解需求不够，首选的创业行业和项目可能是市场上已经相对成熟而且从事人数相对较多的热门，再加上一些创业大学生目光短浅、头脑发热、盲目跟风，所以创业项目缺乏特色，没有核心竞争力和创新性，最终都会在市场残酷的竞争中迅速地被淘汰。

2. 创业项目缺乏前期市场调研。大学生创业很多是由于自身社会经验和市场经验不足，前期筹划时一般没有经过市场调研和理性分析，所以从项目开始进入市场运作竞争之后，就会出现难以为继的情况，无法继续进行，甚至纷纷倒闭。

3. 创业项目核心技术不过硬。受大学生自身专业知识、技术基础和实践经验等方面都比较薄弱的影响，选择创业的大学生较多都选择了科技类创新项目。虽然他们所选择的项目具备了很好的创新或创意概念或元素，也预期这些项目的市场前景较好，但是只看到这些项目的优点却没有看到创业者自身的不足，可能会造成投资失败或难以为继。这些项目技术含量相对高，其转化为产品还需要一个长期的探索过程，在产品设计和研发过程中都会遇到各种专业性技术难题，一般大学生创业者却不具备解决这些技术难题的能力。

（二）创业过程缺乏资金场地基础

创业项目是否能够获得合适的、充分的生存条件，是否能够获得使其得以正常进行的实施场地、工商法律支持、资金财务支撑等等，是一个创业项目成功的基础。

1. 创业项目实施缺乏资金支持。创业项目的实施还需要一定的资金支持，不是仅凭满腔热情就能够实现的。创业大学生很多维持自己生计都要靠父母，一般很难拿出一些资金去创业。近年来，我国政府不断加大对大学生的创业支持力度，设立创业基金或无息免息贷款，但部分政策线条粗、可操作性差，实际实施不理想。当前，大学生创业要真正获得政府资助、银行贷款或社会投资，就需要通过不断地项目申报、竞赛、路演等形式，还要经过层层闯关，最终才能获得项目资金支持，但是资金的数额也不可能太高，且资金发放过程经常需要层层把关、分期下拨，周期长，难以解决现实问题，种种困难就很容易造成项目的资金链条断裂，从而影响整个项目活动业务的投运或正常运营，最终可能导致创业失败。因此资金问题是大学生创业的最大难题。

2.创业项目实施缺乏场地等配套设施。我国大学生创业实践基地主要以政府或高校创办的大学生创业园为主,很多高校都不能为创业大学生提供项目实施场地及办公设施等,也不可能为大学生提供基本法律咨询、财务运行咨询等服务。近年来,政府或社会上许多众创空间纷纷提供各项业务服务,但仍存在不足,尤其是受资金融合、资源整合、市场对接等方面的限制,最终导致对大学生创业者的服务不到位、不配套、提供资源不够充分等现象出现。虽然一部分创业平台目前已经建立起来,但依然存在诸多问题,如分布较为零散、缺乏系统整合管理等等,甚至出现了创业项目提前"夭折"的局面。

(三) 创业团队缺乏管理营销技能和人脉关系

创业项目的实施团队具有一定的管理和运作经验,有良好的人脉关系,是一个创业项目成功的重要支撑。

1.实施项目所需的企业管理经验和市场营销技能严重缺乏。大学生创业团队一般是由大学生自己周围较为熟悉的、志同道合的朋辈人员组成,以同学、朋友、教师为主体。但大学生的人生经历基本上比较简单,一般都是从学校到学校,社会经验很少,工作从业经验更少,更谈不上作为创业者所具备的市场营销技能和企业管理知识了,非此类专业的大学生创业普遍缺乏这些技能和知识。根据第三方专业机构麦可思研究院的调查结果显示,2015年大学毕业生普遍认为自主创业的主要风险因素最大的是资金缺少(28%),其次是市场推广困难(26%)和企业管理经验缺乏(24%)[①]。

2.实施创业项目所需的社会人脉有限。大学生创业团队成员往往是

---

① 麦可思研究院编:《中国本科生就业报告 2016 版》,社会科学文献出版社 2016 年版,第 9 页。

由同学校同院系或者学校之间不同院系较为熟悉、志同道合、有着共同理想追求的同学共同组成。这样的组成结构组成层次很不合理，不但自身的市场意识和社会经验不足，而且对于市场行情缺乏把控能力，所以在整个创业的过程中，一般容易以主观判断为核心，容易崇拜或轻信前辈精英或教师，没有经过严密的调研分析，而且热情极高，从而更加容易造成产品设计开发、营销与现实需求相脱节。实际上，创业团队的社会人脉关系是非常重要的，创业项目所涉及的商品需求信息、潜在客户人群等资源都需要通过这一渠道来获得。创业成功与否同创业者自身是否拥有丰富的人脉关系、社会资源相关，而与创业者学历关系并不大。创业常常是没有任何社会阅历的大学生在缺乏市场需求信息和行业知识，甚至缺乏人脉资源的情况下，仅凭满腔热情和大学生的青春冲动在折腾。创业团队中经常出现职责分工不明、用人不当、缺乏核心领导、决策随意等诸多问题，很容易离散或瓦解，最终导致创业项目失败。

（四）创业团队抗风险意识和导师辅助缺乏

创业团队是否具有抵抗各类风险的能力，是否有很好的咨询顾问团队，是否具备自我调节能力，是一个创业项目成功与否的重要保证。

1.创业团队缺乏心理准备和抗风险意识。大多数大学生创业团队由于缺乏对自身的准确定位分析和吃苦耐劳精神，遂在创业初期就埋下了失败的种子。大学生始终处于象牙塔中，思想尚不成熟、社会阅历也较浅，对创业的思考过于理想化。在创业前期较少评估项目风险，也容易忽视市场的潜在风险，后期也不具备承受风险的心理准备。大多数创业者仅仅是抱着"年轻就是资本"，以一种试试看的态度投身创业的行列，当真正面临压力和困难时，就会因准备不足而选择退缩。还有一些大学生在创业过程中缺乏整体系统的方案，当遇到问题时，则头痛医头脚痛医脚，使得创业项目承受不了市场的洗礼和检验。许多大学生创业团队盲目跟风，根本就不知道风险有多大。许多大学生看到开网店、微店具有成本低、风险小等优势，就选择网络销售创业；甚至一些大学生仅仅是因为想拥有更多可自由支配的时间，不想受到传统工作朝九晚五固定上班时间的限制，就选择创业，然而没有预料到的是，创业相比传统的坐班工作需要付出更多的时间和精力，除此之外，心理所要承受的压力也更大。由于缺乏事先的心理和精神准备，只能早早退出创业者行列，导致创业的失败。

2.创业团队几乎无专业导师指导。目前，我国的创业导师主要有两类，一是各高校创业导师，即专任教师和学生思政辅导员，他们经过相关机构纯理论的培训，理论知识丰富，然而这些"热心的导师"普遍缺乏创业实战经验和企业运行经验。二是由国家有关部门或企业自己培养起来的创业导师队伍，这些创业导师一般是出于工作或单位需要，或出于个人兴趣爱好需要形成的。他们一般是人力资源管理或服务部门的人员，这些导师个人能力和素质千差万别，有的已经形成自己既定的创业成功经验，有的与大学生创业者之间专业不同、实践经历也不同，因此，对大学生创业者的指导也不一定切合实际。在大学生创业过程中，无论是哪一类导师，如果自身没有从业经验和纠错法宝，也无法给予大学生正确而有效的指导。

总之，高校大学生就业整体稳定。民企和中小微企业在国民经济发展中地位逐渐提升，在大学生就业中发挥着重要作用，成为大学生就业的主要去向。一线城市对大学生有较强的吸引力，随着国家政策的不断支持，自主创业比例在不断加大，高质量充分就业成为就业发展的必然趋势。但是与此同时，高校专业设置与社会需求矛盾凸显，就业教育不力，就业政策落实不到位，大学生自主创业举步维艰。因此，在科学的职业理论指导下进一步推进就业是十分必要的。

第六章　马克思主义职业选择理论指导下的大学生高质量就业

大学生是当代社会就业的主体，是职业选择问题主客体的主体，是需要就业的主要的、最基本、最核心的群体。大学生就业是一项系统的社会工程，需要大学生个人、培养学校、家庭、政府以及社会各方面综合治理，要齐抓共管，紧密配合，共同发力，更需要科学的职业选择理论的指导。马克思主义职业选择理论对指导大学生的高质量高品质就业有重要的指导意义。

一、提升大学生的就业能力

社会生产离不开生产者，社会对人才的需求是永恒的。目前，我国大学生还是稀缺资源、稀有人才，特别是对落后、边远地区来说更是如此。就社会整体看，就业还存在诸多结构性矛盾；但就个体来说，大学生能否就业，就业是否理想，关键还在于大学生自身的素质和就业能力。所以，强化大学生的主体就业能力、提升大学生的素养是解决就业问题的根本途径。大学生就业能力包括德才学识等，各方面都需要提高和加强。

（一）树立马克思主义的职业价值观

当代大学生对自己的美好未来，对中国梦的实现，都充满了热切期待。但同时，由于生活在一个和平稳定、繁荣发展的新时代，他们受到多元化的社会价值观的影响，受到经济转型、深化改革所带来的冲击，受到经济和社会问题影响，他们的思想观念正在经受严峻的考验。他们还需加强对中国特色社会主义阶段的认识、对社会主义核心价值观的认识，需更加坚定社会主流价值观，努力抵制不思进取的享乐主义、动机扭曲的拜金主义、投机取巧的机会主义等。这些思想观念在不同层面影响着大学生的学习生活、心理健康，影响着大学生的充分就业。如何有针对性地教育引导当代大学生具有科学、理性、符合社会客观实际和社会历史发展实际、符合社会主义核心价值观要求的职业价值观，成为党和国家、社会和学校、本人和家庭的重大研究和探索课题。在紧密结合社会发展方向、结合经济发展态势、结合当前大学生的就业形势和大学生思想状况上，及帮助大学生成长、成才和顺利就业上、充分就业，都具有重要而深远的现实意义。

2014年五四青年节，习近平总书记在北京师范大学师生座谈会上的讲话《青年要自觉践行社会主义核心价值观》中，特别强调了为什么要加强对青年大学生进行社会主义核心价值观教育这一问题。他说："青年的价值取向决定了未来整个社会的价值取向，而青年又处在价值观形成和确立的时期，抓好这一时期的价值观养成十分重要。这就像穿衣服扣扣子一样，如果第一粒扣子扣错了，剩余的扣子都会扣错。人生的扣子从一开始就要扣好。"[1] 这些语重心长的话详细阐述了中国当代青年大学生应该坚守什么样的核心价值观。我们要积极引导青年大学生认真学习和践行社会主义核心价值观，坚持马克思主义的职业价值观。要教育和引导青年大学生自觉地将自己的人生目标，将自己的成长、成才、就业和发展同国家、民族的发展协调统一起来。要引导青年大学生

---

[1] 习近平：《习近平谈治国理政》，外文出版社2014年版，第172页。

自觉地将个人人生价值的实现与人民群众对美好生活的追求结合起来，与社会发展的需要紧密结合起来。要引导青年大学生自觉地将自己的青春、自己的激情、自己的聪明才智投入到中华民族的伟大复兴和中国梦的实现上来。只有这样才能实现习近平总书记说的，"有信念、有梦想、有奋斗、有奉献的人生，才是有意义的人生"①。

以社会主义核心价值观为指导的大学生职业选择观就是将个人价值与社会价值相统一，就是将个体满足与社会贡献相统一。在这里，一方面要求社会应尽可能地创造就业条件，满足毕业生就业的现实需要；另一方面大学生应勇于承担责任、履行义务，尽可能地为社会多做贡献。在当代，我国大学生应培养高尚的爱国情操和服务意识，对国家建设具有强烈使命感，尤其是在我国当前实现四个全面的关键历史时期，更应将我们每个人的工作热情与国家建设紧密联系在一起，争取为我国的经济和社会的可持续发展，发挥我们的智慧，进而实现各自的人生价值。

特别是当前在我们社会发展水平不平衡的情况下，大学毕业生更要到西部地区、贫困及艰苦边远地区，到祖国和人民急需的行业去建功立业，以自己的实际行动，努力践行社会主义核心价值观，自觉养成马克思主义职业价值观，在实现个人成长、成才和人生发展目标的同时，为党和国家、为人民贡献才华和力量，实现中华民族的伟大复兴和中国梦。正像习近平总书记对青年大学生的寄语，"好儿女志在四方，有志者奋斗无悔"，希望越来越多的青年人"到基层和人民中去建功立业，让青春之花绽放在祖国最需要的地方，在实现中国梦的伟大实践中书写别样精彩的人生"②。

正确的职业价值观，还包括对职业和岗位的正确评价，对职业的合

---

① 习近平：《习近平谈治国理政》，外文出版社2014年版，第172页。
② 中共中央文献研究室编：《习近平关于青少年和共青团工作论述摘编》，中央文献出版社2017年版，第55页。

理期望。世界上无所谓最好的工作,只有最适合自己的工作。人生职业理想和目标就是要找到最适合自己的工作。青年大学生选择职业时,只有考虑到符合自己特质,例如身体条件、兴趣、性格、能力和价值观等,才会有利于自身能力和优势的发挥;只有考虑到符合工作岗位或职位的基本要求,例如工作性质、工作环境、工作条件和工作方式等,才会有人职匹配的理想的事业。只有在科学合理的马克思主义职业价值观引导下,真正实现择业者个体与职业职位的匹配,才能寻找到既符合社会发展需要又能够发挥个人优势的职业。只有这样,大学生才能在不断满足社会历史发展需要的过程中最大限度实现个人的价值追求和人生理想。

(二) 塑造健康完善的人格

个人的人格修养与个体的职业选择之间存在着密切的关系。大学生需要成就理想、实现自己的理想追求就需要科学理性地选择自己合适的理想的职业,就需要特别注重个人人格塑造和完善。健康完善的人格包括健康的情趣、端正的职业态度、精益求精的作风、敬业的精神,以及与他人和睦相处的生活方式的丰富内容。

人格塑造和完善需要积极向上充满正能量的自我概念,需要马克思主义职业价值观的指导,需要充分考虑国家、社会和大学生个体的需求。这要求广大青年学生做到以下四点:一是要善于站在旁观者角度客观地认识自我、肯定自我、接纳自我;二是客观地评价、认同、接纳他人;三是在面对现实生活中种种无法预测或难以接受的环境状况时,能够冷静地面对,能够灵活地应对外界环境的变化;四是时刻注意自觉地运用马克思主义科学的世界观、价值观、人生观来对照检查自己。通过这几点要求,广大青年学生能够拥有积极的自我概念,不断完善自己的人格修养,坚定自己的理想信念,锻炼自己的健康体魄。只有这样,大学生才能在学习专业知识、完成专业学习的同时,实现人格的完善,进而主动根据社会和国家的发展趋势、党和人民的期盼和愿望,调整自己的职业目标和选择标准,才能积极主动地去了解自己所面临的职业发展前景,才能积极参加实习实训实践活动,进行自我职业性向探索,进一步在职场上去选择适合自己、满足社会、满足党和国家需要、满足人民需要的职业。

完善的人格,必须还要有强烈的责任意识。青年大学生求职,不仅是为了大学生个人,还是为了其身后的家庭,为了国家和社会的进步和发展。因为职业不仅是实现青年大学生人生价值的重要途径,也是其承担社会责任的主要载体,还是其维系家庭幸福的手段。人类的生存和发展、家庭的需求、社会与国家的期盼等各个维度,正是工作岗位、职业得以存在的源泉。富有责任心的大学生,不仅会看重自身的需要和价值实现,而且更会充分考虑社会需要和家庭需要。感恩、回报家庭、造福社会的责任感促使青年大学生理性地选择职业,即使自己累和苦,也会尽快就业,进入工作状态,为家庭、国家、社会尽自己的责任,贡献自己的力量。

(三)具备丰富的知识和较强的能力

知识和能力是大学生的就业之本。为什么在人才市场上,有的人找不到工作岗位,有的人成为抢手人才,原因在于求职者本人的素质和能力。就目前我国人才市场的用工需求看,对创造性、复合型和技能型高端人才的需求量还是很大,而这一方面的人才供给又恰恰相对不足。适应当前数字化网络化智能化新技术革命的需要,是适应人才市场的必然趋势。适应市场的人才必须具备以下基本的素质和能力。

一是专业知识和技能。在社会分工越来越细化的今天,用人单位对就业者专业化程度提出了越来越高的要求。分工使劳动者的熟练程度提高,从而提升了劳动效率,分工使人们专注于某一方面,又能有新发现新创造等。这要求大学毕业生必须要有满足特定领域工作的专业化知识。目前，面对信息化、数字化、网络化、智能化趋势的客观要求，面对依托"中国制造2025"计划跨入制造业强国行列的宏伟梦想，需要加快培养国家发展急需的各类专业人才和技术技能人才。

二是综合素质。社会分工和合作是互为条件的。社会分工的发展始终推动着生产力、生产资料、生产过程的统一、联合和协作，由此形成的社会化大生产，不断开辟新的生产领域，产生新的产品。这要求劳动者不但要熟悉自己的专业，也要与相邻专业互通，这样才能完成社会化生产，并催生新的活动领域。当前，随着互联网发展和信息技术的飞速增长，随着数字化技术不断与教育相融合，这就要求大学生要有跨学科、多方面的综合素质。另外随着科学技术的发展，智慧的各类运行系统、智能机器人，将把人从大量的具体的程序化的工作中解放出来，人类新的便捷高效智慧的工作方式和生活方式出现。同时这些变化对人的基本素质、沟通能力、合作意识、综合能力提出了更高、更强、更为复杂的要求。

三是创新能力。当今世界的竞争实质上就是人类的创造力的竞争。在当前我国"大众创业、万众创新"的社会大背景下，大学毕业生就业择业更需要具备较强的创业创新能力。创新就是把原有资源（材料、工序、流程等）重新配置重新整合、改进或再造的过程，这一过程成功与否是以能否提高现有资源使用价值为标准的。创新实质上是高层次认知过程，是人类认识世界、改造世界活动中的突发性、跳跃性的实践活动。创新能力通俗讲就是不断提供或产生具有一定的经济、社会、生态价值的新思想、新理论、新方法和新发明的能力。所以大学生自觉培养自己的创新能力，就是自身人力资源成本跳跃性飞升的过程。自身能力强了，为社会为人民服务的本领就强了，改造社会改造自然的力量就强了，大学生选择职业的能力就强了，大学生充分就业、满意就业就成为可能。

（四）在实践中提升职业选择能力

大学生具备一定的专业知识，思想超前，乐于接受新事物，但对于社会认知较少，实践能力较差，缺乏社会的磨炼，对于挫折压力的承受能力较弱。基于这样的特点，高校就业指导课程应结合大学生实际情况和社会实际需求，通过案例讲解、生涯主题班会、生涯规划比赛等多种形式，拓宽学生知识面，丰富社会经验，帮助其树立正确的职业意识，创造更多培养动手能力的机会，提高学生目标管理和快速融入社会的能力。

通过参加各种社会实践活动不断提升职业选择能力。在这一过程中，作为内在基础，大学生本人自身的性格、知识、能力和兴趣、职业价值观等方面发挥着决定性作用；同时，通过对海量职业世界的信息资料分析，通过实习实训和各种社会实践活动中体验的真实感受，通过完善个体的职业认知和职业技能，培养和完善了大学生职业选择的能力和执行力。大学生在大学期间通过参加实习实训、社会调查、公益活动、职场见习、前辈访谈、兼职体验等多种实践活动，才可以不断丰富自己对职业世界的了解和认识。在逐渐完善自己的职业认知中，结合客观职业世界的环境，立足自身实际情况，提升职业选择能力。

另外，在理论教学过程中，结合增加体验式教学、案例式教学，也可将先进企业家、劳动模范等邀请至学校，还可以将本专业的在业界有突出贡献的前辈师兄邀请回来与青年大学生近距离地沟通、交流，让大学生体验和感受不同行业和岗位职业人的职业生活状态。经过这些丰富多样化的实践活动，才能使大学生职业价值观充分养成和确定，在潜移默化中融入到大学生的日常生活，烙印于大学生的思想和心灵深处。

二、发挥家庭的就业启蒙辅助作用

家庭，是青年大学生职业认知的第一场所和重要地方。从小到大，家长对于子女的言传身教体现在家庭日常生活的方方面面。家庭教育的质量和效果与家长的价值观、世界观、教育理念、文化修养和能力素质息息相关。

(一) 家庭教育要融入职业生涯教育

父母不仅是子女的养育者,也是教育子女认识世界的第一位教师。有人讲,人生的成功与失败基本上都可以从家庭教育中找到其原生根源。家庭对个体的影响是巨大而持久的。家庭成员的社会地位、经济状况、教养方式、受教育程度、示范作用及家庭氛围等,都会对青年大学生职业价值观的养成、职业选择的目标产生巨大的影响。家庭各成员对各专业领域的职业认知和评价,对晚辈们的职业价值观及择业倾向也产生影响。目前,在校大学生多来自于独生子女家庭,他们的生活常态是长辈疼爱、父母包办。不少大学生上了大学但基本的生活还不能自理,很多简单的事也要向父母求救,依赖性强、缺乏主动性,容易失去锻炼和成长机会。为了培养青年大学生的独立自主意识,更好地去选择适合自己的工作,家长及有关亲属应放开手脚,充分鼓励,创造更多的机会让他们去了解职业动态、体验实际工作,这些都有助于大学生形成科学合理的职业价值观。

就大学生个体而言,家庭教育的痕迹体现在大学生在职业选择、面试时候的应激反应以及对薪酬的期待及未来的职业流动等。家庭教育的类型总体来说可以分为权威型、专制型、溺爱型和忽视型。四种不同类型的家庭教育,父母对待事情的处理方式,对待父母和子女的关系,对待人际关系,人生观、价值观,等都有较大的差异,在不同家庭生活、成长起来的子女耳濡目染自然受到了父母的影响。因此加强家庭教育,自觉地在家庭教育中融入职业生涯教育对子女的成长和就业十分重要。对家长来说,这是父母应尽的责任和义务;对社会治理来说,这是社会高质量、高水平治理的体现。

子女大学毕业面临职业选择时，家长应特别重视与子女的沟通，帮助其形成正确的职业选择观和价值观，做好职业生涯规划。家长应结合当前国家的大政方针、结合国家的长期发展、结合目前和今后的就业形势，通过耐心倾听的方式，了解他们的职业价值取向定位。同时将自己的人生经验、自己的职业认知信息传达给子女，通过合适的方式，与孩子一起进行理性的分析，引导他们结合自身条件和社会需求，选择适合自己的职业。如果子女的职业价值观与家长之间有冲突，家长应当更加耐心一些，要在深入交流充分探讨的基础上，以平和包容的心态，客观地帮助他们来具体分析，随时了解他们的职业发展动向，尽可能尊重子女的选择，随时准备提供必要的支持与帮助。

与此同时，在日常的家庭教育过程中，家长还需要持续不断地对子女进行职业道德教育，帮助其树立爱岗敬业、诚实守信、积极进取的职业操守与品德，不断提高其综合能力。

作为家长要有将家庭教育融入职业生涯教育的自觉意识，有自觉意识和没有自觉意识是有很大差别的。许多家庭的教育没有规划，即使有计划也是随着社会潮流变化的计划，而不是从成人的角度，从孩子自身未来职业发展的角度自觉地规划。除此之外，社会把家庭教育融入职业生涯教育要有系统的研究、培训，从而使家庭教育更加科学地、有效地融入职业生涯。

（二）家庭环境要营造个性全面、自由发展的氛围

个性亦称"人格"，对大学生的职业选择、就业有重要的影响。自由全面发展的个性，个人健全的精神面貌、心理面貌能有效促进就业，提升大学生的就业质量。良好的个人的意识倾向和稳定而独特的心理特征在职业目标选择、对待职业的态度等方面发挥着积极的作用。然而，个性全面自由的发展又离不开优良的家庭环境。

职业价值观的养成是通过家庭环境影响孩子的心理品质实现的。联

合国教科文组织提出 21 世纪青少年应该"学会学习、学会生存、学会发展、学会与人相处"。"四个学会"的内在基础就是要有指导学习、善于学习的心理品质。因此，在家庭教育中，怎样重视对孩子人格的培养，怎样帮助孩子具有良好的心理品质，也是马克思主义职业选择的重要内容，属于生涯发展教育范畴。在日常生活中，家长要有意识地培养孩子的自律、自强、合作等意识和积极进取的精神。同时，为了能够主动与他人和社会建立良好融洽的互动共生关系，家长还要教育引导孩子学会认同社会主义核心价值观，锤炼自己人际交往的能力。此外，为了能够顺利融入社会，走进职场，家庭教育应该积极配合社会与学校教育，从适应经济社会发展趋势的需要出发，与学校教育相互呼应，引导孩子客观认识自己，合理定位。只有社会、学校和家庭互相配合、互相促进，共同关注和引导青少年的成长和发展问题，才能更好地促进其健康成长，促进其养成科学合理的职业价值观，从而走好自己的职业人生发展之路。

营造良好的家庭环境是促进个性自由全面发展的前提和保障。稳定的家庭结构能够有效防止人的个性偏异。不稳定的家庭容易造成人性情偏激、冲动、暴躁、缺乏自信、对抗等，人的被动和负面的行为较多，表现为错误的人生观、价值观和消极的个性。父母教育子女的态度不当、不一致、不协调是引起子女个性畸形的重要诱因。

（三）家庭角色体验提高职业选择能力

角色体验的本意是指演艺活动中演员通过实践中角色的融入，运用有意识的心理调式，激发自己下意识的创作，让自己自然地融入在他所扮演的人物中，恰当地感受角色的一切心理状态的活动过程。我们把这一概念运用到职业选择能力培养方面，通过家庭角色体验，提高大学生职业选择能力。

通过家庭角色体验，增强认识自我需求和人生愿景的自省能力。家庭角色是一种生活角色，和学生在学校的学生角色不同，如果大学生能够通过深入体验家庭角色，认识生活，审视生活，正确认识自身的需求和人生目标，将会极大地促进职业选择时候的定位能力，这一能力对于职业选择是十分关键、十分重要的。

通过家庭角色体验，平衡个人特质和社会因素的匹配能力。在家庭角色体验中，大学生可以通过家庭角色体验深刻认识个人的特质，如个人是进取型还是顺从型，是懒惰、忠诚还是畏缩、害羞。只有了解个人特质，对自身有准确的判断，那么对于个体在不同情境下的行为就会有基本的预测。这样在职业选择中就不会随着社会的大流而动，对于来自外界权威的建议和劝解也能够根据自身的特质去进行有效的选择。寻找和个人特质匹配的环境、匹配的职业、匹配的人际关系等。

通过家庭角色体验，设计初次择业和职业发展的规划能力。通过家庭角色体验增强自身对于生活的规划能力，提高实践能力，会关注家庭整体资源的协调、家庭整体力量的分配、家庭的发展等等。能够有效地锻炼自己设计和规划职业生涯的能力。

通过家庭角色体验，参与求职实践，获取心仪岗位的展示能力。家庭角色体验的过程也是展示的过程，展示自己在不同生活场景的表达、沟通和行动能力。角色体验，一是增强了切身的感受，二是促进了自觉的反思。因此，在职业选择和求职的过程中，面对心仪的岗位这种能力就会迁移过来，从而加强自身的职业竞争力。

三、提高高校教育教学质量

习近平总书记指出："只有培养出一流人才的高校，才能够成为世界一流大学。办好我国高校，办出世界一流大学，必须牢牢抓住全面提高人才培养能力这个核心点,并以此来带动高校其他工作。"① 大学生的培养质量和水平直接影响着其就业的层次和前途。给大学生择业就业创造条件,提高高校教育教学水平是关键。

(一) 以教育教学改革为抓手,全面实施素质教育

首先,要顺应时代发展潮流,转变人才培养理念。蓬勃发展的"中国制造2025"是时代创新的体现,这一时期强调创造能力、思考能力、人机交互和沟通能力。要培养适应时代发展的、适应中国特色社会主义事业所需的大学生,首先必须唤醒学生的主观能动性,引导他们勇于拼搏敢于创造,着力提高学生的创新创业能力。所以,面对新的时代需求,就必须要改变填鸭式的、传统的、批量统一化、同质化的教育教学模式,培养个性化、多元化、差异化的人才培养理念,注重大学生的思考能力、批判思维、自我探究、合作意识和实践能力,帮助大学生养成科学高效的学习习惯,调动其学习的积极主动性,激发自主创新意识。改变以教以灌为主体的教育教学模式,大力倡导以学习、思考为主题的教育教学模式。要以创造既适应时代需求又丰富多样,既灵活有弹性又确实有效果的教育教学方式,提高学生自主学习、自我探索的能力。在更加开放、更加轻松、更加自由的教育教学环境中,帮助他们掌握各种技能,培养大学生的创造力、想象力和逻辑思维能力,着力培育一批批能够经得起党和国家、社会和人民选择的社会主义事业建设者和接班人。

其次,要紧跟时代,完善人才培养体系。这个时代是一个日新月异的时代,是知识大爆炸的时代。各类新技术的普及、社会商业模式的变更和产业结构的调整三者不断叠加,高潮迭起,这必然要求国家提供与其相匹配的多样化、差异化、专业化的人力资源队伍,既需要大量受过

---

① 习近平:《习近平谈治国理政》第2卷,外文出版社2017年版,第377页。

普通教育培养的通识型人才，更需要大批受过高层次专业培养教育的技能型和应用型人才。因此，紧跟时代步伐，就必须紧跟社会的发展变化，就必须完善我国高等教育多层次的人才培养体系。目前，国家尤其需要下大力气构建完善的技术技能型、高层次应用型和信息化知识型专业技术人才的培养体系，努力推动我国制造业的更新升级换代，实现"中国智造"，促使高新技术在国民生产、社会进步、创新创业中发挥更大的作用，使广大人民群众尽快享受到有中国特色社会主义社会发展的大红利。当前，时代发展越来越快，各种新兴事物渐次出现，使得职业岗位在产生和消亡之间的轮替时间越来越短，大学生职业变换也越来越频繁，这一社会发展趋势要求高等学校必须高度重视对大学生的就业指导，提高大学生在面对未来的职业选择和再选择问题时的实际解决能力。这些选择过程无一不是复杂多变的，所以大学生必须学会尽快适应职场，具备灵活变通发展再创造的能力。基于此，高校在课程教学过程中要进一步解放思想，通过改革学科教学管理制度，打破不同专业的学生在学习期间的专业转换、共享学分和辅修专业的重重壁垒，为多学科人才的培养创造便利条件；需要建立通识与专业并重、理论与实践并重的基础信念，打破目前批量化、标准化的单一专业培养方案与模式，根据学生不同的职业生涯规划，为其创建相应的个性化的学习指导体系与选择路径，如科研学术、就业工作、创业创新等；根据不同学生的特殊的职业规划、事业发展需要，尝试为其提供相配套的个性化专业课程体系，该体系由大学生本人和行业机构测评评估、职业辅导师专业指导，学校顺势而为；要求就业指导、职业选择工作必须从过去的让大学生被动接受就业技巧技能指导、职业选择知识传授转变到培养提高大学毕业生自己的职业选择和决策能力上来；要根据中国特色社会主义建设和发展的实际情况，根据党和人民、国家和社会需要，根据行业发展和自身特点需求，共同完善符合大学生的职业发展和人生理想实际的课程体系。

再次，要解放思想，拓展人才培养方式。随着慕课教育大发展，全球共享教育教学资源井喷式涌现，全球各大名校公开课的发布不断扩大，"互联网＋教育"及"大数据＋教育"持续发展，教育教学效果和资源呈现指数级倍增，微教育、云教育等各种形式方式的现代教育业态不断呈现，教育的现代化、智能化趋势不可阻挡，全球性教育资源不断融合更加符合知识传播方式和学生接受方式的智慧教学、智慧学习为一体的现代智慧教育成为21世纪教育教学活动的新常态。智慧教育不仅有利于提高教师教学质量和学生学习效果，更有利于提高学校教育教学和教学研究管理推进的效率，全面提升高等学校教学和管理的生态、科学、人性的效果，重新构建有利于碎片化学习终身教育的职后教育体系，打造学习型社会。

（二）以创新能力培养为本位，提高教育教学水平和创新力

经济与贸易全球化、一带一路、"互联网＋""中国制造2025"等倡议、战略的实施，使我国社会国际化全球化进一步加强，"走出去"已成为新形势新常态，所以提高高等学校的教育教学水平、强化创新创业能力培养成为时代的要求，成为各行各业发展的前提条件。在这一背景下，高校的教学课程设置、以创新能力培养为本位的教学培养机制等都需要随着时代的发展、时代的需求而不断调整。目前我们正在进行的新文科建设就是在这一背景下，立足大学生能力建设的重要举措。现实中，有许多问题值得我们注意：高等教育阶段与中小学阶段的创新能力培养如何各有分工又相互衔接。课程设置中，必修课程是专业必备的文化素养和能力培养还是仅仅就是一种技能训练。

1.增强创新能力培养中的系统性设计。多层次、递进式、创新性教学体系的构建是创新能力培养的关键。创新能力的培养是个系统工程，不是一蹴而就的。在教育的不同阶段创新性能力的培养的侧重点、培养

的内容、培养的方式方法是不同的,这就需要教育者,以教育治理能力和治理体系现代化的角度,树立系统思维理念,做好各个阶段的协调和分工,从而为中华民族伟大复兴,为立德树人目标的实现,培养高质量的创新型人才。创新、协调、绿色、开放、共享是五大发展理念,同时又是教育培养创新型人才的基本理念和行动指南。只有培养出创性型的人才,今天我们发展中被卡脖子的问题等才能够得到有效解决。多层次,从基础教育到职业教育,从职业教育到高精尖人才培养,形成一个层次衔接、有效推进的递进式的机制,才能把创新能力培养落到实处。因此,从提高质量能力和水平的角度,增强创新能力培养的系统设计十分关键。

2. 以能力为本,做好课堂建设。课堂是学生能力培养的载体,创新能力培养必须做好课堂建设。课堂建设首先要解决教育教学理念的改革和创新的问题。从改变传统的以教师的单一授课为主的课堂教学模式,到以学生的获得感、创造力培养为核心和立足点的教学,既需要教师的大胆创新,同时也需要我们在评价机制上大胆改革,突破传统的窠臼,为课堂建设做好制度保障。以能力培养为核心的课堂最为关键的是学生,学生的充分参与是十分重要的,是课堂建设的重中之重。一堂课,如果没有了学生的参与,课堂就失去了灵魂。以学生的能力培养为本位还需要我们拓展课堂的范围,把课堂的物理空间从传统的教室拓展到社会空间去。只有面对真实的实践问题,课堂教学才能有活力之源。

(三) 以实训实践实习为手段,强化动手研发能力

俗话讲"实践出真知",但是有许多东西是可学而不可教的,是师傅手把手教出来而不是教师拿着讲义讲出来的,这些靠的就是"悟",特别是方法、技能等主要是或者只能是在实践活动中掌握的。由于理论知识本身具有间接性、滞后性、相对性等,要使理论知识转化为能力、积淀为素质,还需要加强实践环节。知识要转化为能力,一靠思索二靠

实践。从社会历史发展角度来看，实践能力和创新能力对人类的全面自由发展来说越来越重要。21世纪，世界已经进入了互联网时代、知识经济共享经济时代。有人说20世纪是财富源于物质资源、财富源于自然资源的时代，那么21世纪的发展逐步证明，人类社会已经进入了财富源于人力资源、源于人的崭新时代。这就是说，在21世纪人力资源作为一种能动的特殊资源在发挥着作用，其特殊作用在于创造知识、创造财富。而这种创造知识的基础是人类的实践活动，在实践活动中具有社会属性的人不断地使自身能力提高和社会产品产出。因此在所有经济资源中，人力是最重要的资源。

为了实现大学毕业生充分就业，培养有中国特色社会主义建设者和接班人，必须着力加强实践教育教学活动。实践教育教学活动注重培养大学生掌握知识、运用知识、探索新知、发明创造的能力，它主要通过学用结合、以用促学的途径与方式，培养大学生各种非正式的通识能力，从而全面提高大学毕业生的就业能力。这一活动适用的对象不仅仅是应用型人才，还包括学术型理论研究型人才，是所有大学生培养与成长过程中不可或缺的一个环节。如何强化实验、实习、实训等实操性环节和加强科学研究等一系列实践环节，应该成为改革高等学校教育教学培养模式的重点。基于这样的目标，对于传统的专业实习与实践教学环节的改革正在我国高等院校中大力推行，教育教学质量的全面提升指日可待。更可喜的是，2019年2月中共中央、国务院印发了《中国教育现代化2035》，明确指出，要健全保证财政教育投入持续稳定增长的长效机制，确保财政一般公共预算教育支出逐年只增不减，确保按在校学生人数平均的一般公共预算教育支出逐年只增不减，保证国家财政性教育经费支出占国内生产总值的比例一般不低于4%。由于大幅增加教育经费投入，全面开放、共享高校实验设备设施，为大学生全面提高各种能力与素质，并积极参与教师的科学研究和科学创造提供了各种便利条件。有一些高校还借鉴西方发达国家高校的教育教学经验，为在校大学生开设大量暑期学校课程，组织他们开展大量的科学研究项目，有力地支持和帮助大学生开展自主研究研发和创新。有一些高校还鼓励志从科研、学有余力的大学生在校期间积极参加高校教师主导的科研团队，通过研究助理的岗位锻炼，培养其科学研究的能力、习惯与素养，提升其团队协作精神。有一些高校通过完善学分考核管理制度、加强实习实训实践基地建设，为大学生提供了校外学习实训实践活动的制度监督和平台保障，创造机会提升了大学生的综合能力。这些措施都为提高大学生实践能力，提高大学生自发创新创业能力，为其人力资源成本的全面提升创造了条件，为大学生充分就业提供了制度与环境条件保障。

坚持以马克思主义职业选择理论为指导，就是要摒弃传统的学科概念不清晰，价值观念不突出，内容体系不系统、不科学，功能定位不明确的职业教育理论指导和教育方式。以继承和发展马克思主义职业选择理论的中国化马克思主义职业选择理论为指导，切合实际地把握我国当代高校毕业生就业价值观中所体现的突出问题，在此基础上，通过分析我国目前社会就业大市场的发展情况，为改善与完善我国高校毕业生的就业环境与政策，强化政府责任，规范劳动力服务市场，为解决大学生就业问题提供理论依据。同时，也为人才培养模式的改革，为引导大学生以正确的价值观、行为规范和道德标准选择职业，提供了更多的思路与实践路径。最终，进一步提升大学生职业能力，进行劳动力供给侧结构性改革，增加用社会主义核心价值观武装起来的劳动力的有效供给，实现大学生充分就业的同时，促进有中国特色的社会主义国家建设，实现中华民族伟大复兴的中国梦。

四、抓好创业培训和孵化

政府政策支持为大学生就业创业提供了较为宽松的环境，但是新的机遇与新的挑战永恒并存。目前,政府更应将重心放在完善大学生就业创业机制上,通过精准培训和孵化,进一步提升大学生就业创业能力,使作为社会人才储备重要构成的大学生群体实现高质量就业创业,为我国社会发展提供不竭的人才支撑。

(一)将创新创业融入高校人才培养的全过程

就业创业教育不能狭隘地理解为就业指导和创业培训。要做好就业创业培训,高校亟须克服思维惯性,将创新创业教育融入高校人才培养的全过程。以就业为导向,打破学科、部门划分形成的体制限制。根据市场需要确立人才培养方案及目标,从知识、素质、能力等各方面构建完善的人才培养机制,建立跨学科或跨部门的协同研究和创新平台,充分结合专业培养目标,重视提升学生职业能力,丰富课程内容。在课程设置中,还应当增加专门的创新创业实践培训、就业创业指导以及职业生涯规划等课程,形成完善的就业创业课程体系。同时,重视对选修课程的应用,不断拓宽学生的眼界,遵循个性化培养原则,实施因材施教,为学生多元化创新创业奠定基础。

对大学生进行创业技能培训不仅仅要通过课程设置来进行,还要将创业培训贯穿于学生学习生活的各个方面。基于此,高校开展创业培训可以从以下几个方面入手。

第一,打造一支创业教育专业化师资力量。专业化的师资队伍建设可以分为工程技术类、成功创业类以及政府部门类,这样在对大学生进行创业教育的过程中,就可以针对大学生毕业后的就业创业意愿进行有针对性的教育,从而使大学生受到优质的创业教育。第二,培养浓厚的校园创业文化。开展创业教育不能仅仅局限于课堂上教师向学生传授理论知识,还需要培养浓厚的校园创业文化。校园创业文化需要全体师生共同努力,教师可以给学生提供实践锻炼的机会,高校可以提供校内创业市场,也可利用互联网,建立创业服务网站,收集信息并进行研究和处理，并发布相关政策，为学生创业就业提供丰富的信息。第三，高校联合社会机构开展创业实践。学校主导承担教育功能，并与社会机构密切联系，共同打造相关创业实践项目，为大学生提供创业实践机会，从而让大学生在实践中深化自己的创业教育理论知识，为大学生毕业后的就业创业提供有益借鉴。

综上所述，高校开展创业教育需要从教师、校园环境、社会等方面着手，协调联动，对大学生进行高质量的创业教育，为大学生毕业后的就业创业提供经验和有益借鉴。

（二）打破体制机制壁垒，做好孵化工作

目前高校人才培养体系并没有打破高校与社会创新主体之间的体制壁垒，就业创业资源呈现出分散性的特点，没有整合在一起，因此很难形成培养创业创新人才的完整链条。为此，我们必须建立联动机制，激活大学生创业机制。创业是一个发现和捕获机会并由此创造出新颖产品或服务进而实现其潜在价值的过程，活跃的大学生创业有利于促进科技创新，缓解就业压力。第一，实施课内外、校内外联动，整合各方资源，借助协同创新，聚集政府、高校、科研院所、企业等社会各方力量，打破体制壁垒，主动与政府、企业跨界合作、资源共享、多元融合，积极参与地方产业升级、企业关键技术攻关等多方面工作，发挥"智库"作用，让协同创新真正成为创新创业教育的"动力引擎"，为大学生就业创业提供实践机会，增强其创新能力和应用能力。第二，提高师资力量。高校应当加强"双师型"教学培养，满足大学生创新创业教育实践需求，提升大学生社会实践能力。同时，高校主导丰富教科研活动，调动教师积极性，提升教学水平。第三，优化教学评价。将"就业率""创业率"等评价指标纳入高校教育评价体系，运用科学的评价方法、对学生的实践创新能力等进行综合全面科学评价，从而提升大学生就业创业教育开展的有效性。

在做好机制保障前提下进行精准培养就需要做好项目的孵化工作。高校进行创业项目孵化是一个对大学生进行就业创业教育的方式，除了能够让学生学到理论知识，还能够让学生在实践中应用相关知识，高校进行创业项目孵化可以从两方面入手。

一方面，高校依托自身特色专业教育来开辟特色创业项目。高校设置了各种专业，这些专业发展壮大，可依托自身所提供的专业知识发展项目，让不同专业的学生参与进来，在推动项目发展的过程中，为各专业间的交流融合提供平台。另一方面，高校借助自身优势与政府或校外机构合作开辟创业园区。在政府的支持和帮助下，高校依靠自身优势，建立创业园区，为大学生提供就业创业的实践机会。高校也可与校外企业合作，把学生引荐到校外企业进行实习，从而对大学生进行锻炼。高校也可与就业部门进行合作，通过就业部门向大学生提供创业培训，并邀请相关人员与大学生建立长效沟通机制，为大学生创业提供帮助和借鉴。高校也可引进相关企业管理课程，通过跨学科、分角色、团队化创业能力训练，让学生在沙盘模拟中学到知识，逐步转向商业项目开发实战。

高校进行创业项目孵化是在安全的环境中，尽最大的能力去模拟一个真实的就业创业环境，在保证学生生命财产安全的前提下，对学生进行训练，为学生日后的工作提供有益经验和借鉴。

五、强化大学生就业中的政府责任

大学生是充满活力、思维活跃、有理想、有追求的年轻群体，他们具备较高的专业知识、文化修养和健康体魄，接受新鲜事物的能力也很强。实现国家富强、民族振兴，实现中华民族的伟大复兴依靠他们。因此，我国大学生的就业问题已经受到了党和国家政府的高度重视。要解决大学生的就业问题，就必须"坚持就业优先战略，实施更加积极的就业政策,创造更多的就业岗位,着力解决结构性就业矛盾,鼓励以创业带动就业,实现比较充分和高质量就业"[1]。中共中央、国务院针对促进大学生就业问题,出台了一系列的就业法律法规和政策,敦促各方充分掌握目前的就业新形势,克服困难,全面深化改革,抓紧落实大学生的创业和就业工作。要坚持以人民为中心,通过开拓高质量就业岗位、提供更好就业服务、创造更优就业环境,使高校毕业生不仅"能就业"、而且"就好业",满足广大人民群众对美好生活的向往。

（一）加强政府宏观调整责任,扩大就业需求

就业的根本问题是有需求有岗位。政府千方百计创造出更多的就业岗位,是解决就业难题的根本之策。而就业岗位的产生与一个国家和地区的经济发展水平相适应,所以大力调整产业结构和发展经济是实现大学生充分就业的前提。

1.合理调整产业结构,创造多层次和多方面的社会需求和就业岗位。

一是加大第一产业调整,稳定就业人数。加大第一产业结构的调整力度,可以极大地稳固就业人数,促进社会和谐稳定的发展。第一产业在中国是基础产业,在构建和谐社会和促进就业的基本战略实施过程中,如果能促进和完善第一产业链的发展,这将成为解决农民就业和建设社会主义新农村的关键。

二是加强第二产业发展,拓展就业渠道。诸多学科研究表明,经济与社会发展的基本历程是:第一产业产值在国民经济总量中所占比重的逐渐降低,而第二和第三产业所占的比重却在逐步上升。[2] 只有实施产业转化和升级,大力发展乡镇企业、民营企业和外资企业的就业容量,

---

[1] 习近平:《习近平总书记系列重要讲话读本》,学习出版社、人民出版社2016年版,第216页。

[2] 张善余:《人口地理学概论》,华东师范大学出版社1999年版,第376—398页。

加快发展先进制造业才能真正解决就业问题。① 在第二产业发展中，国家可利用投资计划稳增长、促就业的杠杆效用，加大力度扶持国家重大项目和重点民生工程，从而增加大学生就业岗位。

三是加快第三产业的发展，充分实现就业的扩展。在激励机制、政策引导和体制促进上加大改进力度，以推进第三产业的快速发展，尤其要发挥第三产业独特的优势，将就业的巨大潜力挖掘出来。在积极扩大生产性服务产业的基础上解决就业问题，可以极大地为和谐社会做贡献。可见，解决就业问题、发展第三产业以及构建和谐社会具有直接、双向的互动效应。

2. 宏观调控地区性经济结构，提升二线中小城市对毕业生的吸引力。

当下，大学生就业追逐大城市、发达地区的状况仍存在，而客观原因主要在于我国处于社会转型期，区域经济发展不平衡，城市化步伐过快，导致产业结构不合理，第三产业发展不足。主观原因主要在于受到不良历史文化、社会风气的影响，毕业生就业观念落后。而经济相对落后的中西部地区由于客观原因和主观原因导致其对广大的毕业生吸引力不足。为此，政府应加大力度扶持中西部、中等城市以及小城镇的发展，可通过财政支持等手段，增加中西部地区的就业总量，从而扩大就业区域。只有加快发展经济，才能开发出更多、更好的就业机会，尽量缩小区域收入差异，方可吸纳更多的大学生投身于中西部建设中。将中小城市的就业工作问题解决好，把生活和待遇水平提高上去，大学生才不会盲目选择到我国东部沿海大城市就业，造成人才资源配置偏差。因此，实现分散多区域就业，才能进一步解决大学生就业难的问题。另外，有效开展中央基层就业项目，如"西部计划""教师特岗计划"

---

① 刘学功、万年庆：《区域二、三产业增长与农村劳动力转移之比较研究——中原城市群发展对农村劳动力转移就业的影响分析》，载《农业经济》2009年第11期，第53—55页。

"三支一扶""大学生村官",鼓励各区域完善并扩大实施地方基层就业项目。政府通过组织实施"中国制造2025""互联网+"行动计划的开展,应抓紧契机并引导毕业生到各个领域、各个行业创业,还要采取措施,加大"一带一路""长江经济带""京津冀协同发展"等国家重大战略项目对大学生的吸引力,提高"人才红利"。

3.大力宣传国家人才需求状况,吸引留学生回国或引进海外人才。

政府应及时发布国际组织招聘实习任职和志愿活动的讯息,并提供相应的咨询培训等服务,鼓励高校充分利用自身的教学条件,结合国际组织人才需求,有意识地培养和推送毕业生参与国际组织的活动。另外,可制定保障制度以拓宽境外就业门路,在以开放促发展的进程中,持续推动企业加快走出去的步伐,加速推进对外劳务合作。

(二)强化政府市场服务责任,完善就业环境

适应和引领经济发展的新常态,政府应将促进就业视为经济社会发展的优先目标,在确保经济有序发展的同时,为大学毕业生提供更多的就业机会。通过进一步完善创新创业扶持政策和发展就业新业态等手段,努力形成经济发展和扩大就业的联动效应。

1.进一步完善就业创业的帮扶政策。无论是高校的教育教学改革,还是就业创业市场健康运行,政府的政策指导与大力支持在大学生职业选择的全过程中都发挥着重要的作用。为大学毕业生就业创业制定科学合理的就业创业扶持政策不仅可以为其提供制度保证,还可以明确和强化政府在推进就业创业市场的培育完善时的责任,对于大学生充分就业具有重要的意义。

一是社会保障制度的完善是大学毕业生进入社会必不可少的基石。党和国家近年来加快健全和完善社会保障体系,尽最大可能扩大保障制度的覆盖面,规范社会服务保障体系的运作。例如,公务员社会保障制度的健全和完善是吸引大批大学生和家长选择就业岗位的重要原因,这

也是公务员招聘竞争激烈的原因。而大学生不愿意去中小企业就业也正是我国社会保障制度的不完善不健全的例证。再如失业保险金制度从实际出发，切实保障了毕业后不能及时就业创业的毕业生的基本生活需求，也为其创造了一个缓冲期，使其能够及时根据社会实际调整自己的知识结构，提高自身素质和能力，同时也积累一定的工作经验，帮助大学生实现充分就业、满意就业，解除大学生及其家庭的后顾之忧。不至于造成大学毕业生因暂时没有找到合适的就业岗位而失业，从而自暴自弃萎靡不振甚至成为社会负面人群或社会不稳定因素等。

二是国家鼓励性就业创业政策是大学毕业生正确的择业的指路明灯。为加快解决大学生就业创业问题步伐，我们党和政府近年来相继出台了多项鼓励性政策，如鼓励自主创业、鼓励大学生到中小企业就业、鼓励大学生到基层就业、鼓励大学生到边远地区就业、鼓励大学生到紧缺行业就业、鼓励大学生参加国家各种人才计划等。这些政策虽然缓解了大学生就业过程中的一些矛盾，但依然存在着一些问题，如审批的流程复杂事情难办、政策传达不到位、措施不接地气难以落实、政策缺乏系统性后顾有忧等等。因此，政府应进一步加大对相关政策的宣传和普及力度，为大学毕业生提供免费的政策咨询、培训和服务，使国家的相关就业政策能够及时有效地传达给大学毕业生，让他们体会到党和国家的关爱，体会到人民大众对大学毕业生充分就业的殷切期望。政府还应尽量简化审批程序，使这些政策日趋完善；高校也要积极宣传和解读国家的就业政策，帮助学生满意顺利地走上工作岗位，为促进大学生充分就业作出应有的贡献。

三是户籍壁垒、高房价成为大学生就业创业的"拦路虎"。过去很多用人单位在招聘时会列出某城市户口的限制规定，无法逾越的户籍壁垒、令人生畏的房价，难以形成规范、协调、统一的人力资源配给市场，这些都严重影响了人才的合理流动，使大学毕业生望而却步。近年来，一些地方政府为了实现经济发展，迅速集结人才，通过放宽户籍限制、简化办理手续、减免或减少相关费用等手段，以促进大学毕业生充分就业和本地区经济飞速发展。对于高房价这一顽疾，虽说党和国家下大力气在调整理顺、宏观调控但效果不明显，政府应该从土地资源、住房政策、人均收入等方面打组合拳，加强管理，解决严重影响大学生就业的这个顽疾，为大学生就业创业创造良好的环境。

2.加强毕业生就业指导和技能训练政策。大学毕业生作为就业的主体，其自身的就业技能、就业观念、就业价值取向，对于其满意顺利就业至关重要。因此，作为政府，应在强化其技能训练、就业指导和就业培训上下功夫。一是制定大学生就业创业指导的政策法规，要求开设科学合理的就业指导课和职业生涯规划与发展等课程，使大学生在就读期间除了学习一些基本理论、专业知识，还能接受一些基本专业技能的训练和职业技能训练。二是为就业主体——大学生提供实习实训实践的平台。用政策引导大学生进行实习实训和实践活动，引导企事业等用人单位创造岗位，积极吸纳高校毕业生。鼓励高校保障每个学生在校学习期间都有机会了解现实的就业状况，使其提前适应社会，完成由大学走向工作岗位前的必要训练。三是政府通过教育制度改革，鼓励构建以社会实际需求为导向的办学模式。

3.下大力气解决就业中信息不对称的问题。在市场经济下，用人单位与被雇佣者之间存在信息不对称的问题，往往会极大地影响就业。现代互联网科技的迅速发展为就业供求双方及时、便捷地开展信息交流提供了便利。随着社会信息化程度的逐步提高，在书信、面谈、报纸、杂志、广播、电视等传统信息传播渠道的基础上，高校毕业生和用人单位也越来越多地趋向于运用互联网、QQ、微博、微信、网络直播等新兴的社交媒体进行就业信息的发布、传递与拓展，这对于就业市场双方来说，极大地降低了成本，也为就业市场提供了大数据信息。因此，政府应积极顺应科技时代发展潮流,及时掌握先进的互联网技术,构建全国范围内的全方位就业信息交流体系,全面了解就业市场发展变化,协调劳动力流向、待遇等信息,为高校毕业生充分就业保驾护航。

4.充分发挥就业服务机构的功能。就业服务机构是国家和社会实现劳动力与生产资料在总量上和结构上有机结合的一种社会服务。它是国家就业政策最直接的体现者和执行者,是我国人力资源市场的承载者。

我国的就业服务机构分三类:一是政府主导的公共就业服务,如各级各类人才中心或职业介绍中心;二是各高校主导的毕业生就业指导服务中心或大学生创新创业中心;三是社会精英们创办的民办私营的就业服务,如智联招聘、前程无忧、赶集网等。其中介服务功能具有促进整个社会人力资源供求均衡、减少就业市场摩擦、降低各类求职人员的交易成本、促进劳动力合理流动等方面的作用,在保持就业市场的公平、提高就业市场的透明度、帮助就业困难群体就业等方面发挥着特殊作用。

一是确保公共就业服务机构充分发挥各项功能。政府通过公共就业服务机构研究和发布劳动力市场信息以及提供咨询、帮助等形式,承担就业者和用人单位联系的媒介作用,为劳动者的就业提供便利条件;规范和监管其他就业服务组织和劳动力市场的运行,实现全社会全部劳动力资源合理有效的配置和使用。所以,公共就业服务机构干预劳动力市场的功能能不能有效发挥,直接关系着整个社会就业服务工作的程度和水平。

二是确保高校毕业生就业服务机构充分发挥各项功能。目前,各高校的毕业生就业指导服务中心或大学生创新创业中心是学校在发展过程中根据自身需要、依据本单位自己理解、抽调合适人员建立起来的机构,没有统一规范的标准,其专业性、规范性等方面存在着巨大差异。有些民办高校由于人员更替变化快,甚至就业服务人员年年换人,更谈不上专业化系统化，无法为高校毕业生提供切实有效的就业指导服务。

国家应该尽快制定和出台适用于全国各层次高校的大学毕业生就业服务指导工作规范，协助高校创建起标准化规范化的毕业生就业指导服务组织，开展科学规范的就业服务工作。高校毕业生就业指导服务工作规范不仅要全方位全过程涵盖高校毕业生就业指导服务的机构、人员、经费、场地等内容，还要涵盖高校毕业生就业指导服务工作的基本要求、内容、流程、评价与反馈等内容。高校毕业生就业指导服务工作规范标准还要坚持依法原则、指导性原则、适用性原则。

三是确保民办私营的就业服务机构健康发展。民办私营的就业服务机构更是创办者根据自身知识、特点、特长，根据自身对人力资源市场的理解建立起来提供各种服务的机构。这些组织没有制定详细的执业规章制度，工作存在许多不规范性，管理也较为散乱，但实际上针对大学生就业服务的民间组织多。同高校就业指导服务组织机构一样，政府还应尽快制定和出台高校毕业生就业指导服务关于民办的、私营的组织机构工作行为规范，尽量规范这些就业服务机构的市场行为，并制定相关鼓励或惩罚措施，规范中介机构的各项市场行为，为大学毕业生提供寻找满意就业岗位的市场保障服务。

（三）强化政府全面监督责任，确保落实到位

政府的监督责任是保证就业创业政策落地的强有力保障。政府对就业创业的监督既能有效反馈政策的效果，又能为政策的制定修改和废除提供实践依据。监督还有利于防止和纠正有违政策行为的发生。

1.加强对大学生就业市场的监督。首先必须构建合理的就业市场管理模式，其次要完善就业市场的运行机制，才有可能实现大学毕业生资源的优化配置。虽然具有诸多优越性，但是市场机制在调节方面也有暂时性、不及时性等一系列缺陷，这需要政府加强对就业市场的宏观调

控。构建一个和谐的可控的大学生求职环境，政府应该不断地及时地对就业市场进行规范和监控。在规范就业市场方面，要营建公平公正公开的就业市场环境，就要从法律法规、就业政策、招聘流程、社会监督、行政监管等角度加以完善和强化。

2.加强对用人单位招聘行为的监督。国家要求各级党政机关录用公务员，要严格坚持"凡进必考"的制度。企事业单位的招聘工作，应做到公开、公平、公正，招聘信息发布应面向全国高校毕业生，择优录用。但当前招聘过程中，仍有拒收应届毕业生、拒接收女大学生、利用裙带关系上岗、向毕业生收取面试费用等现象出现，这些现象都严重侵犯了广大大学毕业生就业的合法权利，严重地阻碍了公平就业的实现。因此，政府应通过强化监督、立法禁止等手段加强招聘监管，禁止用人单位的相关人员利用招聘滥用职权、谋取私利，鼓励毕业生通过正规渠道进行举报和维权，维护大学生就业的合法权益，给毕业生提供公平公正公开的就业市场。

3.加强对大学生就业行为的监督。大学生作为择业主体，首先应树立健康的择业价值观，就业过程中应慎重地作出选择，不能盲目就业，不能随意签约、毁约、失约以及违约。若遇到不可规避的违约问题，应积极沟通，勇于承担违约责任。其次要依法依规积极寻找合适的工作。政府和各高等学校应教育和监督大学生的就业行为，引导其依法就业、诚信就业、阳光就业，进而也保护了用人单位的合法权益，使其愿意长期接受应届大学生。

4.加强对政府就业工作的监督。在全力推进大学生就业的过程中，一方面是加强对服务于大学生就业的政府公务员履行职责情况进行监督。各级政府部门公务员的职责履行状况是落实政府主要责任的保障。政府部门必须建立相应的奖励和惩罚措施，确保大学生就业工作顺利开展。另一方面是加强对我国各项就业政策法律法规的监督落实和检验。政策法律法规是在执行过程中根据实际运用情况不断修正的。只有和就业市场实际状况相结合，才能真正检验其科学性、合理性。中央政府及其部门只有采用定期不定期的考察抽查，才能有效地监督各级地方政府政策的具体落实情况。同时也要鼓励各部门之间互相监督、团结合作，这样才能保证政策逐一落实。另外，还要鼓励广大毕业生及其家长、学校揭发检举就业过程中的各种违规行为，这样才能保证政府及其部门政策法规执行得彻底、公开、公平、公正。

（四）完善大学生就业立法，提供法律保障

目前与我国大学生就业相关的法律法规主要有：《宪法》的有关内容，如第 42 条规定的劳动权利和义务；有关法律规定如《就业促进法》《劳动法》等；行政法规，如《中华人民共和国劳动合同法实施条例》《中华人民共和国劳动争议调解仲裁法》等；部门规章《违反〈劳动法〉有关劳动合同规定的赔偿办法》等。还有一些地方性法规等。这些共同构成了我国大学生就业的法律法规体系。大学生就业目前没有专门的法律法规，随着互联网的发展，法治政府、法治社会建设的推进，从大学生就业高质量发展的角度看，大学生的就业法律保障能力和水平需要进一步提升。

目前，各国政府对促进就业和减少失业高度重视，普遍认为这是政府应承担的责任，加快该项工作的治理，成为各国治国理政的重要内容。各国政府加强立法，将解决就业问题纳入国家法律体系，形成坚固的法律保障体系，已成为最为普遍的重要手段之一。

首先，政府应制定保障普通高校毕业生促进就业的相关法律。为了全面协调经济增长、高校教育发展与大学生就业三者之间的关系，以保护大学生权益为目标，在《普通高等学校毕业生就业工作暂行规定》

的基础上,以解决大学生就业过程中可能遇到的各种问题和矛盾为导向,制定相应的法律条文。

其次,政府应针对就业歧视问题,制定专门的法律。在大学生就业过程中,已出现各式各样的就业歧视现象,若不加以规范,便不利于实现公平就业,为此应引起相关部门的重视,增加反就业歧视的法例条款,保障毕业生就业的公平性。

再次,在大学生就业的立法保障方面,政府应进一步强化和完善。降低失业风险需要有一整套完善的法律保障,因此,针对转变大学生的就业观念,政府应积极促进就业保障立法,完善中小企业社会保障体系,扩大就业选择面,缓解就业压力。

最后,行政立法势在必行。政府的行政立法应围绕大学生就业的复杂系统工程进行,不断完善行政立法程序,不断明确各级政府、各职能部门的具体责任,将具体职责落实到位,避免责任缺失、互相推诿的现象发生。

总之,马克思主义职业选择理论对大学生高质量就业有重要的指导意义。马克思主义职业选择理论在提升大学生的主体就业能力,发挥家庭的就业启蒙作用,提高高校教育教学质量,抓好创业培训与孵化,强化大学生就业中的政府责任方面,在价值指引、方法指导等方面发挥重要作用。

主要参考文献

[1] 中共中央马克思恩格斯列宁斯大林著作编译局. 1844年经济学哲学手稿[M]. 第3版. 北京：人民出版社，2000.

[2] 中共中央马克思恩格斯列宁斯大林著作编译局. 马克思恩格斯全集：第1，2，3，23卷[M]. 北京：人民出版社，2002.

[3] 中共中央马克思恩格斯列宁斯大林著作编译局. 马克思恩格斯文集：第1卷[M]. 北京：人民出版社，2009.

[4] 中共中央马克思恩格斯列宁斯大林著作编译局. 马克思恩格斯选集：第1，2，4卷[M]. 北京：人民出版社，2012.

[5] 马克思. 政治经济学批判大纲[M]. 刘潇然，译. 北京：人民出版社，1977.

[6] 中共中央马克思恩格斯列宁斯大林著作编译局. 列宁全集：第7卷[M]. 北京：人民出版社，2013.

[7] 中共中央马克思恩格斯列宁斯大林著作编译局. 列宁选集：第4卷[M]. 北京：人民出版社，2012.

[8] 毛泽东. 毛泽东选集：第1—3卷[M]. 北京：人民出版社，1995.

[9] 邓小平. 邓小平文选：第3卷[M]. 北京：人民出版社，1993.

[10] 邓小平. 邓小平文集：第1—3卷[M]. 北京：人民出版

社,2014.

［11］江泽民.江泽民文选:第2,3卷［M］.北京:人民出版社,2006.

［12］习近平.习近平总书记重要讲话文章选编［M］.北京:党建读物出版社,中央文献出版社,2016.

［13］中共中央宣传部.习近平总书记系列重要讲话读本［M］.北京:学习出版社,人民出版社,2016.

［14］中共中央宣传部理论局.七个怎么看——理论热点面对面·2010［M］.北京:学习出版社,人民出版社,2016.

［15］中华人民共和国宪法［M］.长春:吉林人民出版社,2006.

［16］中华人民共和国劳动法［M］.北京:中国法制出版社,2001.

［17］中华人民共和国就业促进法［M］.北京:中国法制出版社,2007.

［18］李艳萍.中华人民共和国劳动合同法［M］.长春:吉林人民出版社,2007.

［19］杨映忠,王钊,黄庆华.现代职业选择［M］.重庆:西南师范大学出版社,2008.

［20］周书俊.选择论［M］.北京:中央编译出版社,2006.

［21］王涛.大学生职业生涯规划与发展［M］.西安:西北大学出版社,2006.

［22］王涛.大学生就业指导概论［M］.西安:西北大学出版社,2006.

［23］张长保,路正社,孙金学.助你飞翔:当代大学生就业指导手册［M］.西安:陕西师范大学出版总社,2010.

［24］赵北平,雷五明.大学生涯规划与职业发展［M］.武汉:武汉大学出版社,2006.

［25］杨迎春，路正社. 海阔天高：当代大学生就业指导手册［M］. 西安：陕西师范大学出版总社，2012.

［26］黄天中. 生涯规划：理论与实践［M］. 北京：高等教育出版社，2007.

［27］张天桥，侯全生，李明晖. 大学生创业第一步［M］. 北京：清华大学出版社，2008.

［28］王伯庆. 决战大学生就业［M］. 北京：清华大学出版社，2009.

［29］提摩西·巴特勒（Timothy Butler），詹姆士·沃德鲁普（James Waldroop）. 哈佛职业生涯设计：哈佛职业生涯兴趣测验手册［M］. 赵剑非，译. 北京：中国商业出版社，2004.

［30］金树人. 生涯咨询与辅导［M］. 北京：高等教育出版社，2007.

［31］罗伯特·里尔登. 职业生涯发展与规划［M］. 侯志瑾，伍新春，译. 北京：高等教育出版社，2005.

［32］诺伯特·维纳. 控制论［M］. 郝季仁，译. 北京：科学出版社，1962.

［33］张善余. 人口地理学概论［M］. 上海：华东师范大学出版社，1999.

［34］大卫·维西. 至关重要的选择［M］. 蒋永强，译. 北京：中国友谊出版社，1965.

［35］C.W.莫里斯. 开放的自我［M］. 定扬，译. 上海：上海人民出版社，1965.

［36］麦可思研究院. 中国本科生就业报告2016版［M］. 北京：社会科学文献出版社，2016.

［37］于桂芝，郭瑞涛. 马克思人的精神解放的理论实质及现代价值［J］. 学海，2008（3）.

[38] 李鸣. 国际金融危机形势下大学生就业问题分析与应对 [J]. 思想理论教育导刊, 2009 (4).

[39] 廖泉文. 职业生涯发展的三、三、三理论 [J]. 中国人力资源开发, 2004 (9).

[40] 李晓明, 乔云娜. 浅析职业锚理论对女大学生就业选择的影响 [J]. 广西民族大学学报（哲学社会科学版）, 2007 (6).

[41] 宋国学. 职业选择理论：基于可雇佣性视角的新解析 [J]. 生产力研究, 2008 (23).

[42] 蒋争, 韩威. 职业决策：人生的关键一步：大学生毕业去向选择与职业发展 [J]. 职业, 2010 (31).

[43] 宋剑祥. 职业性向理论对大学生择业就业的启示研究 [J]. 中国大学生就业, 2013 (12).

[44] 王新宏. 马克思主义人的全面自由发展理论对大学生职业发展选择的启示 [J]. 高教探索, 2014 (2).

[45] 孙倩, 沈光. 大学生就业制度国际比较与中国选择 [J]. 人民论坛, 2014 (32).

[46] 高山川, 张文贤. 社会认知职业理论：探索管理者的职业选择与发展 [J]. 公共行政与人力资源, 2005 (2).

[47] 王冠宇. 职业选择理论简评 [J]. 人口与经济, 2009 (A1).

[48] 陈爱华. 论黑格尔"善的理念"的辩证视域 [J]. 江苏社会科学, 2011 (6).

[49] 陈福昊. 马克思人的发展理论的审美主旨 [J]. 东方企业文化, 2011 (4).

[50] 王家芳. "概论"课程体系构建新探 [J]. 学校党建与思想教育, 2006 (3).

[51] 姚崇, 周欣仪, 宋捷. 功利主义社会思潮对当代大学生的消极影响及其原因分析 [J]. 社科纵横, 2014 (9).

［52］王进. 让社会围绕劳动这个太阳旋转——马克思主义社会哲学学习笔记［J］. 重庆邮电大学学报（社会科学版），2007（4）.

［53］代俊兰. 马克思人类解放理论的终极价值解析［J］. 当代世界与社会主义，2010（5）.

［54］楚丽霞. 当代社会精神生活失衡的基本特征分析与对策［J］. 理论月刊，2011（7）.

［55］吴庆. 演变、定位和类型——中国大学生就业政策分析［J］. 当代青年研究，2005（2）.

［56］诸云. 黑箱理论视角下大学生创业者培养成效评估机制研究［J］. 南京理工大学学报（社会科学版），2015，28（1）.

［57］陈美蓉，梅梅，陈颖莹，等. 基于教育与经济影响分析的大学毕业生一次性就业率提升探讨［J］. 劳动保障世界（理论版），2013（3）.

［58］刘学功，万年庆. 区域二、三产业增长与农村劳动力转移之比较研究：中原城市群发展对农村劳动力转移就业的影响分析［J］. 农业经济，2009（11）.

［59］孙正聿. 人的全面发展与当代中国人的解放的旨趣、历程和尺度：关于马克思人的全面发展学说的思考［J］. 学术月刊，2002（1）.

［60］尹蔚民. 在推动经济发展中促进就业稳定增加［J］. 就业与保障，2016（8）.

［61］王路江，马俊杰. 大学生择业影响因素分析［N］. 中国教育报，2001-06-13（8）.

［62］《人民日报》社论：《全国都应该成为毛泽东思想的大学校》［N］. 人民日报，1966-08-01（1）.

后 记

耕者有其田，劳者有其业，是人们的最基本要求。当今世界，各国政府都把民众就业当作执政的重要任务。在我国，党和政府一向都十分重视劳动者就业，特别是大学毕业生的就业问题。

2002 年，我有幸参加了教育部在上海植物园举办的高等学校就业指导人员培训班。其间主办方邀请美国佛罗里达州立大学的主管学生工作副校长、学生职业发展中心主任等专家授课，这是我第一次接触到职业生涯发展规划研究。当时我就强烈地意识到美英等西方国家的研究和应用成果，不完全适应于我们国家的大学毕业生，所以就有了撰写有中国特色职业发展教材的想法。2004 年开始，我们使用教育部牵头，北京师范大学侯志瑾、乔志宏统一组织翻译的《职业生涯发展与规划》教材，为学生开设相应的选修课，试图在授课过程中总结并梳理思路，研究如何用马克思主义职业选择理论指导中国大学生就业。2006 年，我参与的王涛教授主编的《大学生职业生涯规划》教材出版。2006 年 5 月又有幸参加了教育部首期职业生涯规划与管理香港新鸿基培训班，浸入式学习了香港理工大学、香港大学等高校的职业生涯发展规划具体实施的方式方法。其间不断思考和探究大学生职业生涯发展与规划如何在国内落地的问题，尤其随着对认知信息加工理论在生涯发展决策中应用的不断深入学习，认识到这一理论和马克思主义的实践论、认识论有很多相似之处，这些发现更加坚定了我研究既有马克思主义特色又适合我国国情的生涯发展规划理论的信心。2009 年，师从门忠民、江秀乐教授攻读博士研究生。经过恩师多年的指教以及自己的不断学习、思考，最终下决心把大学生的职业选择问题作为今后深入研究的方向。为此，我认真研读了马克思主义经典著作，有关职业、择业的论著和学者们的研究成果，力图弄清马克思主义职业选择的基本思想，以及与其他相关理论的区别，并在此基础上，尝试借助马克思主义实践论、认识论的观点，运用马克思主义主客体思维框架，对马克思主义职业选择理论体系结构进行探讨。坚持马克思主义理论与实践相结合的原则，坚持理论联系实际，经过多年深入研究，用学习所得，认真分析了我国当前一段时期大学毕业生就业创业存在的问题，提出了在现今社会具体环境下实现大学生充分就业、高质量高品质就业的建议与措施。

  构建马克思主义职业选择理论是一个长期的、系统的工程。本书的研究只是一个起步，还不够深刻，不够全面，其中不少问题在理解上也可能失之偏颇，甚至会出现错误；提出的意见、建议和实践效果如何，有没有可操作性，能否完全落地，都是有待证明的。另外，从国家层面考虑，就业创业工作不仅仅包括大学生的问题，还有农村劳动力的转移问题，去产能、调结构中的转岗人员再就业问题，就业困难人员、失业人员再就业问题，零就业家庭再就业问题，等等，这些都是值得深入研究的问题。本人愿以现有研究为基础，进一步认真学习，努力探索，在理论与实践相结合的基础上，在前辈和各界精英的指导下，把这个问题的研究再推进一步。恳请得到业界前辈指点！